Anthony de Mello

# Zeiten des Glücks

**HERDER / SPEKTRUM**
Band 4330

Das Buch

„Was immer geschieht, an uns liegt es, Glück oder Unglück darin zu sehen." Denn: Reich sein und Geld haben ist nicht das Gleiche. Konsum, Bedürfnisbefriedigung, Erfolg – das sind höchst flache Übersetzungen des alten Worts „Glück" als Lebensziel und Lebenserfüllung. Zeiten des Glücks – nach denen jeder für sein Leben sich sehnt – das sind nicht die Höhepunkte des satten Wohlstands. Die großen Weisen haben immer gewußt: Fülle kann ein erfülltes Leben auch ersticken. De Mello, spiritueller Meister, erfahrener Psychologe und begnadeter Geschichtenerzähler, macht dieses alte Wissen neu einsichtig: Im Sich-lösen liegt auch eine erlösende Kraft. Befreiung von Angst, Freiwerden von Abhängigkeiten verschiedenster Art, von Ansprüchen, Wünschen und Zwecken, Seinlassen der anderen, Offenheit für alles Wirkliche um uns herum, für Menschen und Dinge – das ist Voraussetzung für wirklich gelebtes Leben, im Hier und Jetzt. Wer offen ist, der wird reich beschenkt – mit dem Leben selbst. De Mellos Überzeugung: Das Glück ist nicht zu „machen", aber Glücklichwerden kann man üben. Dieses Sich-Anfreunden mit den Möglichkeiten des Alltags, die Aufmerksamkeit auf das Naheliegende lehren die heiteren, fröhlichen und tiefen Texte eines großen Lehrers: Menschliche Geschichten, die dem Staunen Nachdruck verleihen und die Herzen verwandeln.

Der Autor

Anthony de Mello, 1931–1987, weltbekannter Autor vieler weitverbreiteter Weisheitsbücher. Bei Herder/Spektrum: Warum der Vogel singt (Band 4149); Was bringt das Pferd zum Fliegen? (Band 4304); Eine Minute Unsinn (Band 4379).

Anthony de Mello

# Zeiten des Glücks

Herausgegeben von
Anton Lichtenauer

Herder
Freiburg · Basel · Wien

Gedruckt auf umweltfreundlichem,
chlorfrei gebleichtem Papier

Originalausgabe

2. Auflage


Herstellung: Freiburger Graphische Betriebe 1995
Umschlaggestaltung: Joseph Pölzelbauer
Umschlagbild: Root Leeb
ISBN 3-451-04330-0

# *Inhalt*

# *Vorwort von Anton Lichtenauer*

Jemand fragte den Meister: „Glauben Sie an Glück?" – „Durchaus", erwiderte er mit einem Aufblitzen in seinen Augen. „Wie sonst ließe sich der Erfolg von Leuten erklären, die man nicht mag." Solche Antworten machen den Charme de Mellos aus. Seine Glaubwürdigkeit besteht nicht nur darin, daß er sich festgefahrenen Antworten entzieht, daß er zum Weiterfragen provoziert. Sondern auch darin, daß er – zum Glück – Humor hat.

Schnelles Glück: das ist nicht seine Sache. Aber die Frage, was das eigentlich ist, ein erfülltes, ein „richtiges" Leben, durchzieht die Landschaft seines ganzen Werks. Wer sich auf die Wege macht und weitergehende Antworten sucht, der kann unvermutete Aussichten entdecken.

Was ist Glück? Die Ehefrau sagt zu dem Mann, der sich beim Frühstück hinter der Zeitung vergraben hat: „Ist es dir je in den Sinn gekommen, daß Leben mehr sein könnte als das, was in der Welt vorgeht?" Diese Geschichte ist nicht nur eine Alltagskarikatur. Sie demonstriert, daß es de Mello nicht um Äußerlichkeiten geht, auch nicht um den Sonderfall, sondern um den Alltag: Unser Leben ist mehr. Irgendwann flackert in jedem die Ahnung auf von einem größeren Horizont, von einer größeren Freiheit, von einem Leben ohne Zwänge. De Mello will diese Ahnung verstärken. Ihm liegt daran, daß uns ein Licht aufgeht, daß uns einleuchtet: Wir vergeuden unsere kostbare Zeit – die einzige, die wir haben – mit Äußerlichkeiten, mit Nichtigkeiten wie Reichtum, Ruhm, Ehre, Schönheit, Macht, Luxus, Bequemlichkeiten, Karriere. Glück ist anders. Glück ist mehr als solcher Erfolg. Es hängt nicht von den großen Umständen ab. Der Schlüssel zu ihm liegt vielmehr im eigenen Herzen, in der eigenen Seele.

De Mello ist ausgebildeter Psychologe und gleichzeitig spiritueller Lehrer. Einblick in die menschliche Seele und die Forderung nach praktischen, therapeutischen Konsequenzen gehen bei ihm zusammen. Das ist ein Kerngedanke seiner Geschichten: Wir könnten es zwar nicht einfacher, aber anders haben. Kleinlich und selbstfixiert versäumen wir die große Beseligung, das abenteuerliche, das vielfarbige Glück. Wenn wir genau hinsehen auf das, was wir selbstzufrieden und saturiert oft als „Glück" bezeichnen, könnten wir merken, daß wir die Maßstäbe für Größe und Weite verloren haben. Wie jener Alte, der in einer kleinen Stadt an der Grenze lebt, seit über fünfzig Jahren im gleichen Haus, der nie auf die Idee kam, die Grenze zu überschreiten und der eines Tages zum großen Erstaunen seiner Umgebung ins Nachbarhaus umzieht. „Ich glaube, das ist der Zigeuner in mir", sagte er mit selbstzufriedenem Lächeln. – Eine so blasse Ahnung wirkt lächerlich. Aber noch in der grotesken Vorführung unausgeschöpfter Möglichkeit ist das „andere Leben" beschworen.

Glück ist nur dem möglich, der wirklich lebt. Leben geschieht immer jetzt. Menschen, die sich zuviel mit dem Leben nach dem Tod beschäftigen, sind – so de Mello – nicht selten die, die, die nichts mit diesem Leben anzufangen wissen. Leben ist viel einfacher – und viel schwieriger, als uns religiöse Gurus und professionelle Tugendlehrer weismachen wollen.

Man gewinnt Glück, wenn man seine Illusionen verliert: Die größte Illusion aber ist die, daß unser Glück von jemand anderem abhängt. Wir selbst müssen uns ändern und uns lossagen von äußeren Faktoren. Wie werden wir frei von Abhängigkeiten, von Angst, von Trauer, von negativen Gefühlen? Wie lösen wir uns von einem Denken, das die Probleme erst produziert? De Mellos Antwort: Alles kann sich lösen, wenn wir uns lösen. Wenn wir erwachen, verstehen und die Wirklichkeit neu sehen. Das heißt insbesondere: aufmerksam werden, zur Stille gelangen, sich nicht auf festgefahrene Formeln verlassen, Erfahrungen machen, auch schmerzliche. Das ist nötig, denn gerade sie führen zum Wachstum, zur Veränderung – zur Sinfonie eines Lebens, zu dem Leiden gehört wie der Kontrapunkt zur Musik. Den Ton des eigenen Lebens finden, im Einschwingen in den Rhythmus des eigenen Daseinsatems – das ist die Kunst eines glückenden, eines glücklichen Lebens. Die Begegnung mit dem eigenen Atem, dies hat de Mello bei buddhistischen Mönchen erfahren und auch seinen Schülern weitergegeben, ist der Beginn der Freundschaft mit sich selbst. Glück ist auch die Konsequenz dieses Sich-Einlassens auf den eigenen Körper, des Sich-Anfreundens mit den eigenen Daseinsbedingungen. Und das ist wieder Voraussetzung der Aufmerksamkeit, des Loslassens, des Sich-Versenkens in das Geheimnis des widersprüchlichen, traurigen und schönen Lebens selbst. Wer offen wird für die Leere – die etwas Positives ist, nämlich Freiheit von der Fülle der unwesentlichen Dinge – der wird beschenkt mit der Fülle des Glücks. Wer sich auf dieses Schweigen einläßt, hört die Stimme der Freude. Freude ist das Herz des Glücks. Östliche Weisheit ist die eine, die christliche Überlieferung etwa der Ignatianischen Exerzitien ist eine andere Schule, aus der diese Einsichten de Mellos kommen.

Humor durchtränkt die Spiritualität des Geschichtenerzählers. Er beruhigt nicht mit dem gefälligen Psycho-Beschwichtigungszauber: „Ich bin okay, du bist auch okay." Er sagt: „Ich bin ein Narr, und du bist auch ein Narr. Laß uns darüber lachen und frei sein." Das Glück, das er meint, stellt sich ohne Verbissenheit ein. So mühelos wie das Aufwachen nach dem Schlafen. Es ist nichts, worauf man als Leistung stolz sein könnte. Es ist Gnade, könnte man sagen.

De Mello ist das Gegenteil eines Pessimisten: Der Mensch ist zum Glücklichsein geboren. Aber es wird ihm – so wie unser Leben nun einmal ist – nicht in die Wiege gelegt. Er muß lernen, glücklich zu sein. Und er kann es lernen: durch Übung. Wichtig wird: Nicht nur etwas wissen, sondern die Konsequenz daraus ziehen. So wie jener Raucher, der wußte, daß Rauchen seiner Gesundheit schadet. Aber erst als der Arzt ihm sagt, daß er vielleicht Krebs hat, hört er schlagartig auf. Er weiß es jetzt nicht nur. Er ist aufgewacht zu diesem Wissen. Er hat sich geändert. Er ist neu geworden: De Mello nennt das auch Bewußtwerdung oder – unter Berufung auf religiöse Überlieferung – Erleuchtung.

Mit solcher Sicht werden auch die spirituellen Traditionen, auf die de Mello sich beruft und aus denen er zititert, zu einer neuen Qualität gewandelt: Sie werden wieder zu Lebenswissen. Er bezieht sich in seinen Geschichten nicht auf Tugendkataloge, auf Dogmen und Theorien, sondern auf alle großen „Lebe-Meister" der Menschheit. Dies ist kein modischer Synkretismus aus allen Kulturen, keine östliche Färbung westlicher Psychologie. Aber doch ein entkrampftes Sich-Umsehen: Prüfet alles, das Beste behaltet – ganz lebensnah, pragmatisch. Denn hinter und vor allen Systemen der Religionen geht es immer auch um Lebensfragen des Menschen. Wie „meistere" ich mein Leben? Was muß ich tun, um wirkliches, von Zufällen unabhängiges Glück zu erlangen? Wie kann ich mich auf mein Sterben einlassen? In vielen Geschichten de Mellos steht die Figur „des Meisters" im Mittelpunkt. Er zitiert Pascal ebenso wie die chassidischen Rabbinen, Jesus ebenso wie Sokrates oder den Hindu-Guru, die Bibel wie die Bhagavadgita, die Sufimeister genauso wie die christlichen Mystiker. Spuren, denen man nachgehen kann, gibt es in jeder Kultur. Den Weg muß jeder selber finden.

Sich auf diesen Weg zu machen heißt zuallererst: die Selbst-Sucht loslassen. Es heißt: sich von den unwesentlichen Dingen trennen – und gleichzeitig offen sein für das Wesentliche. Nicht nur die Großen der Tradition sind die Vorbilder. Die Wirklichkeit selbst ist der Meister, im Alltag selbst ist die Botschaft: Ein Vogel, ein Blatt, eine Träne, ein Lächeln kann alles sagen. Und: der ganze Mensch ist gemeint, mit Leib und Seele.

Die Lust am Widersprüchlichen gehört zu dieser Form der Weisheit. Leben ist eine verblüffende Wissenschaft. Beides gehört zusammen: Ruhig werden und aufwachen, sich beunruhigen lassen und gelassen sein. Witz und Ernst, Weisheit und Unsinn, sie liegen nah beieinander – und sie haben auf überraschende Weise miteinander zu tun. Den Wechsel der Perspektive, die Umwertung der nur konventionellen Werte – das will de Mello einüben. Deshalb bereitet er durch seine Paradoxien darauf vor. Weisheit kommt als Witz daher. Was zunächst lächerlich oder ein vordergründiger Scherz scheint, meint er zutiefst ernst. Erleuchtung ist der „crash" zwischen Vorstellung, Gewohnheit und Wirklichkeit. Eine Erhellung, die wie ein Blitz einschlagen kann. Ein umwälzende Einsicht, die sich aber auch einschleichen kann wie auf Taubenfüßen.

Es ist nur ein scheinbarer Widerspruch: Sich selbst aufgeben, damit man ich-stark werden kann. Zu sich kommen, bevor man unterwegs ist zu anderen. Einerseits gilt es, den Ballast abzuwerfen, der „Ego" heißt, eine zur Sucht gewordene Ich-Verhaftung, die eigentlich Ich-Schwäche ist. Andererseits ist genauso wichtig: Sein Ich stärken, es nicht besetzen lassen von fremden Vorstellungen, von den Wünschen anderer, es nicht einzäunen mit äußeren Ansprüchen.

De Mello hat also keine wohlfeilen Rezepte. Er zeigt freilich verlockende Perspektiven: „Kehren Sie zu den Dingen zurück, kehren Sie zur Natur zurück, gehen Sie in die Berge ... Nur wer die Einsamkeit aushält, wird die Wüste in sich zum Blühen bringen." – „Ihr Herz wird von Freude erfüllt sein und singen. Es wird für immer Frühling sein, die Droge wird verbannt sein; Sie sind frei. Dann werden Sie verstehen, was Freiheit ist, was Liebe ist, was Glück ist, was die Wirklichkeit ist, was Gott ist."

Wie de Mello anschaulich macht, daß all dies erlebbar ist, das macht seine Texte, deren Licht sich in vielen Farben bricht und deren Einsichten sich nicht mit Paukenschlägen einbleuen wollen, zum Glücksfall. Seine Erzählungen vom Glück atmen das, wovon sie reden.

# *Ausbruch aus dem Käfig ohne Gitter*
# *oder*
# *Leben ist mehr*

## *Hungertod*

Das Leben ist ein Festessen. Das Tragische dabei ist, daß die meisten Menschen den Hungertod sterben. Ich kenne eine Geschichte von ein paar Leuten, die auf einem Floß vor der brasilianischen Küste trieben und am Verdursten waren. Sie ahnten nicht, daß das Wasser um sie herum Süßwasser war. Der Fluß strömte so kraftvoll ins Meer, daß sein Wasser einige Meilen weit vor die Küste gelangte. Deshalb gab es genau dort, wo das Floß trieb, auch Süßwasser. Aber sie wußten es nicht.

Ebenso sind wir von Freude, Glück und Liebe umgeben. Die meisten Menschen ahnen es nur nicht, weil sie nichts mehr klar erkennen können, weil sie hypnotisiert sind, weil sie schlafen. Stellen Sie sich einen Zauberer auf der Bühne vor, der jemanden so hypnotisiert, daß er nur sieht, was nicht da ist, und das, was da ist, nicht sieht. Genauso ist es. Kehren Sie um, und nehmen Sie die gute Nachricht an. Kehren Sie um, und werden Sie wach!

## *Wach auf!*

Die meisten Leute schlafen, ohne es zu wissen. Sie wurden schlafend geboren, sie leben schlafend, sie heiraten im Schlaf, erziehen im Schlaf ihre Kinder und sterben im Schlaf, ohne jemals wach geworden zu sein. Niemals verstehen sie den Reiz und die Schönheit dessen, was wir „menschliches Leben" nennen. Bekanntlich sind sich alle Mystiker –

ob christlich oder nichtchristlich und egal, welcher theologischen Richtung oder Religion sie angehören – in diesem einen Punkt einig: daß alles gut, alles in Ordnung ist. Obwohl gar nichts in Ordnung ist, ist alles gut. Ein wirklich seltsamer Widerspruch. Aber tragischerweise kommen die meisten Leute gar nicht dazu, zu erkennen, daß tatsächlich alles gut ist, denn sie schlafen. Sie haben einen Alptraum.

Vor einiger Zeit hörte ich im Radio die Geschichte von einem Mann, der an die Zimmertür seines Sohnes klopft und ruft: „Jim, wach auf!"

Jim ruft zurück: „Ich mag nicht aufstehen, Papa." Darauf der Vater noch lauter: „Steh auf, du mußt in die Schule!"

„Ich will nicht zur Schule gehen."

„Warum denn nicht?" fragt der Vater.

„Aus drei Gründen", sagt Jim. „Erstens ist es so langweilig, zweitens ärgern mich die Kinder, und drittens kann ich die Schule nicht ausstehen."

Der Vater erwidert: „So, dann sag' ich dir drei Gründe, wieso du in die Schule mußt: Erstens ist es deine Pflicht, zweitens bist du 45 Jahre alt, und drittens bist du der Klassenlehrer." Also aufwachen, aufwachen! Du bist erwachsen geworden, du bist zu groß, um zu schlafen. Wach auf! Hör auf, mit deinem Spielzeug zu spielen.

## *Käfig ohne Gitter*

Ein Bär ging in seinem sechs Meter langen Käfig hin und her.

Als die Gitterstäbe nach fünf Jahren entfernt wurden, ging der Bär weiterhin diese sechs Meter hin und her, als ob der Käfig noch da wäre. Für ihn war er da!

## *Henne und Adler*

Ein Mann fand ein Adlerei und legte es in das Nest einer gewöhnlichen Henne. Der kleine Adler schlüpfte mit den Küken aus und wuchs zusammen mit ihnen auf.

Sein ganzes Leben lang benahm sich der Adler wie die Küken, weil er dachte, er sei ein Küken aus dem Hinterhof. Er kratzte in der Erde nach Würmern und Insekten. Er gluckte und gackerte. Und ab und zu hob er seine Flügel und flog ein Stück, genau wie die Küken. Schließlich hat ein Küken so zu fliegen, stimmt's?

Jahre vergingen, und der Adler wurde sehr alt. Eines Tages sah er einen herrlichen Vogel hoch über sich im wolkenlosen Himmel. Anmutig und hoheitsvoll schwebte er durch die heftigen Windströmungen, fast ohne mit seinen kräftigen goldenen Flügeln zu schlagen. Der alte Adler blickte ehrfürchtig empor. „Wer ist das?" fragte er seinen Nachbarn.

„Das ist der Adler, der König der Vögel", sagte der Nachbar. „Aber reg dich nicht auf. Du und ich sind von anderer Art."

Also dachte der Adler nicht weiter an diesen Vogel. Er starb in dem Glauben, ein Küken im Hinterhof zu sein.

## *Wirklich aufregend*

Nach dreißig Jahren gemeinsamen Fernsehens sagte ein Mann zu seiner Frau: „Laß uns heute abend etwas wirklich Aufregendes unternehmen!"

Sofort tauchten vor ihrem Auge Visionen von einer Nacht in der Stadt auf. „Phantastisch", sagte sie, „was wollen wir machen?"

„Wir könnten einmal die Sessel tauschen."

## *Laßt mich heraus*

Nichts beschreibt besser die menschliche Natur als die Geschichte des armen Betrunkenen, der spät nachts außerhalb eines Parks am Zaun rüttelt und schreit: „Laßt mich raus!"

*Nur deine Illusionen hindern dich an der Erkenntnis, daß du frei bist – und es immer warst.*

## Der Zigeuner

In einer kleinen Grenzstadt lebte ein alter Mann schon fünfzig Jahre in dem gleichen Haus.

Eines Tages zog er zum großen Erstaunen seiner Umgebung in das Nachbarhaus um. Reporter der Lokalzeitung sprachen bei ihm vor, um ihn nach dem Grund zu fragen.

„Ich glaube, das ist der Zigeuner in mir", sagte er mit selbstzufriedenem Lächeln.

*Habt ihr je von dem Mann gehört, der Christoph Columbus auf seiner Entdeckungsfahrt in die Neue Welt begleitete und sich die ganze Zeit grämte, vielleicht nicht rechtzeitig zurück zu sein, um die Nachfolge des alten Dorfschneiders anzutreten, und ein anderer ihm den Job wegschnappen könnte?*

*Um in dem Abenteuer, genannt Spiritualität, Erfolg zu haben, muß man fest entschlossen sein, aus dem Leben soviel wie möglich herauszuholen. Viele Menschen begnügen sich mit Nichtigkeiten wie Reichtum, Ruhm, Bequemlichkeit und menschlicher Geselligkeit.*

## Hören und sehen

Es ist nicht einfach zuzuhören, vor allem dann nicht, wenn man sich über eine Idee leicht erregt. Ja, auch wenn man nicht leicht erregbar ist, ist es nicht einfach zuzuhören – hört man alles vom eigenen vorprogrammierten, konditionierten, hypnotisierten Standpunkt aus. Man interpretiert oft alles, was gesagt wird, nach dem einmal eingeprägten Begriffsmuster.

Wie jene Frau, die nach einem Vortrag über Ackerbau und Viehzucht fragt: „Entschuldigen Sie, mein Herr, ich stimme hierin mit Ihnen völlig überein, daß der beste Dung alter Pferdemist ist. Würden Sie uns aber bitte noch sagen, wie alt genau die Pferde sein müssen?"

Wir haben alle unsere Standpunkte, oder? Von diesen Standpunkten aus hören wir den anderen zu: „Hast du dich aber verändert, Henry! Du warst doch immer so groß, und jetzt kommst du mir so klein vor. Du warst doch immer so stattlich, und jetzt erscheinst du mir so schmal. Du warst doch immer so blaß, und jetzt bist du so braun. Was ist mit dir los, Henry?" Und Henry sagt: „Ich heiße gar nicht Henry, ich heiße John." – „Ach, deinen Namen hast du auch geändert!" – Wie will man solch einen Menschen zum Zuhören bekommen?

## *Spannkraft*

Dich macht die Gemächlichkeit des Lebens kaputt", sagte der Meister zu einem Schüler, der es von der lockeren Seite nahm. „Nur eine Katastrophe kann dich retten."

Und so machte er seine Feststellung deutlich:

„Wirf einen Frosch in eine Wanne heißes Wasser, und er wird in Sekundenschnelle herausspringen.

Setz ihn in eine Wanne Wasser, das ganz allmählich erwärmt wird, und er wird die Spannkraft zum Springen verlieren, wenn der Moment zum Hüpfen gekommen ist."

## *Illusionen*

Jemand fragte mich einmal: „Wie ist denn Erleuchtetsein? Wie ist es denn, wach geworden zu sein?"

Es ist wie mit dem Landstreicher in London, der sich für die Nacht einrichtete. Kaum eine Brotkruste hatte er zu essen bekommen. Er erreichte das Ufer der Themse. Im leichten Nieselregen zog er seinen zerschlissenen Mantel fester um sich. Er wollte gerade einschlafen, als auf einmal ein Rolls-Royce mit Chauffeur anhielt. Eine schöne junge Dame stieg aus und sagte zu ihm: „Sie armer Mann, wollen Sie etwa die Nacht hier am Ufer verbringen?" Darauf erwiderte der Landstreicher: „Ja." Die Frau entgegnete: „Das werde ich nicht zulassen. Sie kommen mit in mein Haus und werden dort bequem übernachten, nachdem Sie gut zu Abend gegessen haben." Sie bestand darauf, daß er einstieg.

Also fuhren sie aus London hinaus und kamen zu einer großen Villa in einem weiten Park. Dem Butler, der sie ins Haus führte, sagte die Dame: „James, sorgen Sie bitte dafür, daß er ein Dienstbotenzimmer bekommt und es ihm an nichts fehlt." James tat, wie ihm geheißen. Die junge Dame hatte bereits die Kleider abgelegt, um ins Bett zu gehen, als ihr plötzlich wieder ihr Übernachtungsgast einfiel. Also zog sie sich etwas über und ging den Gang entlang zu den Dienstbotenzimmern. Unter der Tür des Landstreichers fiel ein Lichtstreifen hindurch. Sie klopfte behutsam an die Tür, öffnete sie und sah, daß der Mann noch wach war. Sie sagte zu ihm: „Was ist, guter Mann, haben Sie kein rechtes Essen bekommen?" Darauf erwiderte er: „In meinem ganzen Leben habe ich noch kein besseres Essen gehabt, meine Dame." – „Haben Sie warm genug?" – „Ja, ein schönes, warmes Bett." – „Vielleicht brauchen Sie ein bißchen Gesellschaft. Wollen Sie nicht ein Viertelstündchen zu mir herüberkommen?" Dann rückte sie näher zu ihm, und er rutschte näher zu ihr und fiel genau in die Themse.

Ätsch! Damit haben Sie bestimmt nicht gerechnet! Erleuchtung! Wachen Sie auf. Wenn Sie bereit sind, Ihre falschen Vorstellungen gegen die Wirklichkeit einzutauschen, wenn Sie bereit sind, Ihre Träume gegen Tatsachen einzutauschen, ist das der Weg, auf dem Sie alles finden können, auf dem das Leben Sinn erhält – und das Leben wird schön.

Oder die Geschichte von Ramirez: Ramirez ist schon alt und lebt in seiner Burg hoch oben auf dem Berg. Er schaut zum Fenster hinaus (er ist gelähmt und liegt im Bett) und sieht seinen Feind. Alt wie er ist und auf einen Stock gestützt, erklimmt der Feind den Berg – langsam und beschwerlich. Nach etwa zweieinhalb Stunden ist er endlich oben angelangt. Doch Ramirez kann nichts tun, weil die Diener ihren freien Tag haben. So öffnet der Feind die Tür, geht geradewegs zum Schlafzimmer, greift mit der Hand in den Mantel und zieht eine Waffe hervor. Er sagt: „Endlich, Ramirez, werden wir unsere Rechnung begleichen!" Ramirez versucht alles, um ihm sein Vorhaben auszureden: „Komm schon, Borgia, das kannst du doch nicht tun. Du weißt genau, daß ich nicht mehr derselbe bin, der dich vor Jahren als junger Springinsfeld übel traktiert hat; und du bist auch nicht mehr derselbe junge Bursche. Hör schon auf damit!"

„O nein", erwidert sein Feind, „deine schönen Worte können mich nicht von meiner göttlichen Mission abbringen. Ich will Rache, und du kannst mich nicht davon abhalten." Ramirez antwortet: „Doch kann ich!" – „Und wie?" fragt sein Feind. „Ich kann wach werden", sagt Ramirez. Und das tat er; er wurde wach! Das ist Erleuchtung. Wenn Ihnen jemand sagt: „Da kannst du gar nichts machen", sagen Sie: „Und ob! Ich kann wach werden." Und auf einmal ist das Leben nicht mehr der Alptraum, als der es erschien. Wachen Sie auf!

Jemand kam zu mir, um mir eine Frage zu stellen. Was meinen Sie wohl, wie seine Frage lautete? Er fragte mich: „Sind Sie erleuchtet?" Und was glauben Sie, wie meine Antwort war? „Was hat das schon zu sagen!"

Möchten Sie eine bessere Antwort? Meine Antwort wäre dann: „Wie kann ich es wissen? Wie können Sie es wissen? Was hat das schon zu sagen?" Wissen Sie was? Wenn Sie etwas zu sehr wollen, haben Sie große Probleme. Wissen Sie noch etwas? Wenn ich erleuchtet wäre, und Sie würden mir nur deswegen zuhören, hätten Sie wirklich große Probleme. Möchten Sie von einem Erleuchteten in Ihrem Willen beeinflußt werden? Sie können von jedem beeinflußt werden. Was spielt das schon für eine Rolle, ob jemand erleuchtet ist oder nicht? Aber sehen Sie, wir möchten uns an jemanden anlehnen, oder? Wir möchten uns auf jemand stützen, von dem wir glauben, daß er es geschafft hat. Wir hören gern, daß Leute es geschafft haben. Es gibt uns Hoffnung, nicht wahr? Auf was wollen Sie denn hoffen? Ist das nicht nur eine andere Form von Wunschdenken?

Sie wollen auf etwas Besseres hoffen als das, was Sie jetzt haben, oder? Sonst würden Sie ja nicht hoffen. Doch dann vergessen Sie, daß Sie schon alles haben und es nur nicht wissen. Warum richten Sie Ihre Aufmerksamkeit nicht auf das Jetzt, statt auf bessere Zeiten zu hoffen? Warum verstehen Sie nicht das Jetzt, statt es zu vergessen und auf die Zukunft zu hoffen? Ist die Zukunft nicht nur eine weitere Illusion?

## *Die Überraschung*

Es ist wunderbar, nein sagen zu können; es gehört zum Wachwerden. Es gehört mit zum Wachwerden, sein Leben so zu leben, wie man es für richtig hält.

Verstehen Sie mich recht: das hat *nichts* mit Egoismus zu tun. Egoistisch wäre es, zu verlangen, daß jemand sein Leben so lebt, wie *Sie* es für richtig halten. *Das* ist egoistisch. Es ist nicht egoistisch, sein Leben so zu leben, wie man es selbst für richtig hält. Der Egoismus liegt in der Forderung, daß andere Leute so leben sollen, wie es Ihrem Geschmack,

Ihrem Stolz, Ihrem Nutzen oder Ihrem Vergnügen entspricht. Das ist wirklich egoistisch. Deshalb schütze ich mich. Ich fühle mich nicht dazu verpflichtet, mit dir zusammen zu sein, ebensowenig fühle ich mich dazu verpflichtet, ja zu sagen. Wenn ich deine Gesellschaft mag, genieße ich sie, ohne mich daran zu klammern. Aber ich meide dich nicht länger wegen irgendwelcher negativen Gefühle, die du in mir weckst. Diese Macht hast du nicht mehr.

Das Erwachen sollte eine Überraschung sein. Wenn etwas, was Sie nicht erwarten, eintritt, sind Sie überrascht. Als Frau Webster ihren Mann dabei ertappte, wie er das Dienstmädchen küßte, sagte sie ihm, sie sei sehr überrascht. Aber Webster war ein bißchen pingelig, was den korrekten Gebrauch der Sprache betraf (verständlicherweise, schrieb er doch gerade an seinem berühmten Wörterbuch), und so erklärte er ihr: „Nein, meine Liebe, ich bin überrascht. Du bist verblüfft!"

## *Fortschritt*

Ein Schüler sagte zu seinem Guru, daß er einen fernen Ort aufsuchen wolle, um zu meditieren und, wie er hoffte, Erleuchtung zu erlangen. Alle sechs Monate schickte er dem Guru eine Nachricht, um ihn über seine Fortschritte zu unterrichten. So schrieb er im ersten Brief: „Nun verstehe ich, was es heißt, das Selbst aufzugeben." Der Guru zerriß den Brief und warf ihn in den Papierkorb.

Nach sechs Monaten erhielt er die nächste Nachricht, in der es hieß: „Nun besitze ich das Empfinden für alles Lebendige." Auch diesen Brief zerriß er.

Die dritte Nachricht lautete: „Jetzt kenne ich das Geheimnis des Einen und des Vielen." Der Brief wurde zerrissen. So ging es mehrere Jahre, bis schließlich keine Nachricht mehr kam.

Nach einiger Zeit regte sich beim Guru die Neugier. Als eines Tages ein Reisender auf dem Weg zu dem fernen Ort war, an dem sich sein Schüler aufhielt, bat der Guru ihn: „Könntest du nicht herausfinden, was aus diesem Mann geworden ist?"

Endlich erhielt er einen Brief von seinem Schüler, darin stand: *„Was macht das schon aus?"* Als der Guru das las, rief er laut: „Er hat es geschafft! Er hat es geschafft! Endlich hat er verstanden! Er hat es verstanden!"

Eine andere Geschichte wird erzählt von einem Soldaten auf dem Schlachtfeld, der einfach sein Gewehr fallen ließ, ein Stück Papier vom Boden aufhob und es betrachtete. Nach kurzer Zeit ließ er es wieder zu Boden flattern. Dann ging er ein Stückchen weiter und tat das gleiche. Die anderen Soldaten sagten: „Der ist ja lebensmüde. Er braucht Hilfe." So schafften sie ihn in eine Klinik, wo sich der beste Psychiater um ihn kümmerte. Aber nichts schien zu helfen. Der Soldat wanderte durch die Gänge, las Papierfetzen auf, schaute sie kurz an und ließ sie wieder zu Boden flattern. Schließlich sagte man: „Wir müssen diesen Mann aus der Armee entlassen." Also rief man ihn herein und überreichte ihm seine Entlassungsurkunde. Er nahm sie, warf einen Blick darauf und rief: „Ist sie das? Das ist sie!" Endlich hatte er sie gefunden.

## *Wo das Problem liegt*

Ein kleiner Junge spaziert am Ufer eines Flusses entlang. Er sieht ein Krokodil, das sich in einem Netz verfangen hat. Das Krokodil sagt: „Hab Mitleid mit mir und befreie mich! Ich sehe vielleicht häßlich aus, aber dafür kann ich nichts, ich bin so auf die Welt gekommen. Aber wie häßlich ich auch aussehen mag, so habe ich doch ein liebendes Mutterherz. Als ich heute früh Futter für meine Kleinen suchte, ging ich in diese Falle!"

Der Junge erwidert: „Wenn ich dich befreie, fängst du mich und tötest mich." Das Krokodil fragt: „Glaubst du, daß ich so etwas meinem Wohltäter und Befreier antun könnte?"

Der Junge ist überzeugt und öffnet das Netz. Sofort schnappt das Krokodil nach ihm. Im Rachen des Krokodils sagt der Junge: „Das also ist dein Lohn für mein gutes Werk." Das Krokodil entgegnet: „Nimm's nicht persönlich, Kleiner, so ist die Welt nun einmal, das ist das Gesetz des Lebens."

Der Junge widerspricht, bis das Krokodil den Vorschlag macht: „Willst du einen anderen fragen, ob das stimmt?" Der Junge sieht einen Vogel, der auf einem Ast sitzt, und fragt ihn: „Vogel, stimmt das, was das Krokodil sagt?" – „Ja", antwortet der Vogel, „das Krokodil hat recht. Sieh mich an: Ich kam einmal mit Futter für meine Jungen nach Hause, und stell dir diesen Schreck vor: ich sah eine Schlange, die den Baumstamm hinaufkroch, genau auf mein Nest zu. Ich konnte gar nichts dagegen tun. Sie verschlang meine Jungen, eines nach dem anderen. Ich kreischte und schrie, alles war zwecklos. Das Krokodil hat recht, das ist das Gesetz des Lebens, so ist die Welt nun einmal."

„Siehst du", sagt das Krokodil. Doch der Junge bittet: „Laß mich noch jemanden fragen." Das Krokodil sagt: „Von mir aus."

Da kommt ein alter Esel am Ufer dahergetrottet. „Esel", sagt der Junge, „stimmt das, was das Krokodil sagt?" Der Esel antwortet: „Das Krokodil hat schon recht. Sieh mich an. Mein Leben lang habe ich für meinen Herrn geschuftet und gerackert und dafür kaum genug Futter bekommen. Jetzt, da ich alt und nutzlos bin, ließ er mich laufen. So streife ich durch den Dschungel und warte darauf, daß mich ein wildes Tier anspringt und meinem Leben ein Ende macht. Das Krokodil hat recht, das ist das Gesetz des Lebens, so ist die Welt nun einmal."

„Siehst du", sagt das Krokodil, „also los!" Doch der Junge bittet es: „Gib mir noch eine Chance, eine letzte Chance. Laß mich noch ein anderes Wesen fragen. Denk daran, wie gut ich zu dir war." Das Krokodil gibt nach: „Gut, du sollst deine letzte Chance haben."

Der Junge sieht einen Hasen vorbeilaufen und fragt ihn: „Hase, hat das Krokodil recht?" Der Hase richtet sich auf seinen Hinterläufen auf und fragt das Krokodil: „Das hast du gesagt?" – „Ja, das habe ich." – „Einen Augenblick mal", sagt der Hase, „darüber müssen wir diskutieren." „Von mir aus", sagt das Krokodil. Doch der Hase fährt fort: „Wie können wir darüber sprechen, wenn du einen Jungen im Maul hast? Laß ihn raus; auch er muß an unserer Diskussion teilnehmen."

Das Krokodil erwidert: „Du bist schön schlau. Sobald ich ihn herauslasse, läuft er davon." Der Hase aber gibt zurück: „Ich dachte, du hättest mehr Verstand als er. Sobald er wegzulaufen versucht, kannst du ihn mit einem Schlag deines Schwanzes töten." – „Also gut", sagt das Krokodil und läßt den Jungen los. Im selben Moment ruft der Hase: „Lauf!" Der Junge läuft und ist gerettet.

Nach kurzer Zeit fragt der Hase den Jungen: „Magst du denn kein Krokodilfleisch? Möchten die Leute aus deinem Dorf nicht einmal ein gutes Essen? Du hast das Krokodil nicht vollständig befreit; sein ganzes Hinterteil steckt noch im Netz. Warum gehst du nicht ins Dorf und bringst alle her? Dann macht ihr ein Festessen."

Gesagt, getan. Der Junge geht ins Dorf und ruft alle Männer zusammen. Sie kommen mit Äxten, Knüppeln und Speeren und töten das Krokodil. Der Hund des Jungen läuft hinter der Menge her. Sofort sieht er den Hasen, jagt ihm nach, packt ihn und beißt ihn in die Kehle. Der Junge eilt herbei, doch zu spät. Während er den Hasen in den letzten Zügen sieht, sagt er: „Das Krokodil hatte doch recht, so ist die Welt nun einmal, das ist das Gesetz des Lebens."

Es gibt keine Erklärung für all das Leid, das Böse, die Qualen, die Zerstörung und den Hunger in der Welt. Es ist nicht zu ergründen, sosehr wir uns mit unseren religiösen oder sonst welchen Theorien darum bemühen, es bleibt uns verschlossen. Denn das Leben ist ein Rätsel, und das bedeutet, daß Ihr denkender Kopf darin keinen Sinn sehen kann. Darum müssen Sie erwachen, und Sie werden plötzlich verstehen, daß nicht die Wirklichkeit das Problem ist, sondern Sie.

## *Der Unterschied*

Ich erinnere mich an einen Priester in Chicago, den ich während meines Psychologiestudiums kennenlernte. Er sagte uns: „Wissen Sie, ich hatte alle Informationen, die ich brauchte. Ich wußte, daß der Alkohol mich umbringen würde, aber glauben Sie mir, nichts kann einen Alkoholiker ändern – nicht einmal die Liebe seiner Frau und seiner Kinder. Er liebt sie, aber das ändert ihn nicht. Ich entdeckte etwas, was mich veränderte. Eines Tages lag ich bei Nieselregen in der Gosse. Ich öffnete meine Augen und erkannte, daß mich das umbringen würde. Ich sah es und verspürte nie mehr den Wunsch, einen Tropfen anzurühren. Ich habe später sogar ab und zu etwas getrunken, aber nie so viel, daß es mir hätte schaden können. Ich konnte es nicht, und ich kann es immer noch nicht." – Das meine ich: Bewußtheit. Nicht Kenntnis, sondern Bewußtheit.

Ein Freund von mir, der ein sehr starker Raucher war, sagte einmal: „Über das Rauchen gibt es doch alle möglichen Witze. Man erzählt uns, daß Rauchen uns umbringt, aber sieh dir doch die alten Ägypter an; sie sind samt und sonders tot, und kein einziger hat geraucht." Eines Tages bekam er Probleme mit seiner Lunge und mußte sich im Krebsforschungszentrum in Bombay untersuchen lassen. Der Arzt sagte: „Pater, Sie haben zwei Schatten auf der

Lunge, das könnte Krebs sein. In vier Wochen möchte ich Sie wiedersehen.“ Seitdem hat er keine einzige Zigarette mehr angerührt. Vorher *wußte* er, daß Rauchen tödlich sein kann, nachher war er sich dessen *bewußt*. Das ist der Unterschied.

## *Der springende Punkt*

Der springende Punkt ist, daß Sie weder okay noch nicht okay sind. Sie können höchstens der momentanen Stimmung, dem Trend oder der Mode entsprechen. Heißt das nun, daß Sie okay geworden sind? Hängt Ihr Okay-Sein davon ab? Hängt es davon ab, wie man über Sie denkt? Jesus Christus muß demnach überhaupt nicht okay gewesen sein. Sie sind nicht ‚okay', und Sie sind nicht ‚nicht okay', Sie sind Sie selbst! Ich hoffe, daß dies eine wichtige Entdeckung für Sie wird, zumindest für einige von Ihnen. Vergessen Sie das ganze Gerede von okay und nicht okay. Vergessen Sie alle Urteile, und beobachten Sie einfach, schauen Sie zu. Sie werden wichtige Entdeckungen machen, die Sie verändern werden. Sie werden sich nicht im geringsten anstrengen müssen, glauben Sie mir.

Das erinnert mich an einen Mann im London nach dem Zweiten Weltkrieg. Er saß auf seinem Platz in der U-Bahn und hatte ein in braunes Packpapier eingewickeltes Paket auf dem Schoß; ein großes, schweres Ding. Der Schaffner kam zu ihm und fragte: „Was haben Sie da auf dem Schoß?“ Worauf der Mann sagte: „Das ist eine Bombe, sie ist noch scharf. Wir haben sie im Garten ausgegraben. Ich bringe sie jetzt zur Polizei!" Der Schaffner verfügte: „Die wollen Sie doch wohl nicht auf dem Schoß tragen! Tun Sie das Ding gefälligst unter den Sitz."

Es ist wie beim Autofahren, der Fahrer möchte nie das Bewußtsein für das Auto verlieren. Nichts gegen Tagträume, doch darf man dabei nie das Bewußtsein für seine Umgebung verlieren. Immer heißt es, wachsam zu sein. Es ist wie bei einer Mutter, die schläft; sie hört nicht das Dröhnen der Flugzeuge, die über ihr Haus fliegen, doch vernimmt sie sofort den leisesten Seufzer ihres Kindes. Sie ist wachsam, sie ist in diesem Sinne wach. Über den wachen Zustand läßt sich gar nichts sagen, nur über den schlafenden Zustand.

## *Leben ist mehr*

Ehefrau zu Ehemann, dessen Gesicht in einer Zeitung vergraben ist: „Ist es dir je in den Sinn gekommen, daß mehr am Leben sein könnte als das, was in der Welt vorgeht?"

*Die meisten Leute lieben die Menschheit,*
*es ist der Nachbar, der ihnen auf die Nerven geht.*

## *Fehler*

Einem Schüler, der sich schrecklich fürchtete, Fehler zu machen, sagte der Meister:

„Diejenigen, die keine Fehler machen, machen den größten aller Fehler: sie versuchen nichts Neues."

Stellen Sie sich einen Patienten vor, der zum Arzt geht und ihm sagt, woran er leidet. Der Arzt sagt: „Ja, Ihre Symptome kenne ich sehr gut. Wissen Sie, was ich jetzt tun werde? Ich verschreibe Ihnen eine Arznei für Ihren Nachbarn." Der Patient erwidert: „Vielen Dank, Herr Doktor, das wird mir sehr helfen."

Ist das nicht absurd? Aber so handeln wir alle. Derjenige, der schläft, denkt immer, es würde ihm bessergehen, wenn ein anderer sich ändert. Sie leiden, weil Sie schlafen, aber Sie denken sich: „Wie schön könnte das Leben sein, wenn die anderen sich ändern würden; wie schön könnte das Leben sein, wenn mein Nachbar sich änderte, oder meine Frau, oder mein Chef."

Wir möchten immer, daß jemand anderes sich ändert, damit es uns gutgeht. Doch sind Sie noch nie auf den Gedanken gekommen, daß selbst dann, wenn sich Ihre Frau oder Ihr Mann ändert, Ihnen nicht viel geholfen wäre. Sie sind genauso verwundbar wie vorher, genauso ein Narr wie vorher, schlafen genauso wie vorher. Sie sind derjenige, der sich ändern muß, der die Arznei zu schlucken hat. Doch

Sie bestehen darauf: „Ich fühle mich gut, weil die Welt in Ordnung ist.“ *Irrtum!* Die Welt ist in Ordnung, weil ich mich gut fühle. Das ist die Botschaft, die uns alle Mystiker verkünden.

Als der griechische Philosoph Diogenes gefangen wurde und auf dem Sklavenmarkt verkauft werden sollte, wird erzählt, sei er auf die Plattform des Auktionators gestiegen und habe laut gerufen: „Ein Meister soll hier verkauft werden. Gibt es unter euch vielleicht einen Sklaven, der ihn kaufen möchte?“

*Es ist unmöglich, Erleuchtete zu Sklaven zu machen, denn sie sind genau so glücklich in der Sklaverei wie in der Freiheit.*

## *Schaf und Löwe*

Es gibt eine Geschichte von einem Löwen, der auf eine Schafherde stieß und zu seinem großen Erstaunen einen Löwen unter den Schafen fand; einen Löwen, der schon als Junges zu den Schafen gekommen und unter ihnen aufgewachsen war. Er blökte wie ein Schaf und lief herum wie ein Schaf. Der Löwe ging schnurstracks auf ihn zu, und als der Schafslöwe den richtigen Löwen vor sich sah, zitterte er am ganzen Leib. Da fragte ihn der Löwe: „Was treibst du denn hier – unter lauter Schafen?“ Der Schafslöwe antwortete: „Ich bin ein Schaf.“ Der Löwe erwiderte: „Nein, nein, du bist kein Schaf. Du kommst sofort mit mir.“

Darauf führte er den Schafslöwen an einen Teich und sagte: „Schau hinein!" Und als der Schafslöwe ins Wasser schaute und sein Spiegelbild sah, brüllte er gewaltig auf. Von diesem Augenblick an war der Schafslöwe ein anderer.

Viele meinen, wenn sie keine Sehnsüchte hätten, wären sie wie ein Stück Holz. In Wirklichkeit würden sie jedoch ihre Verspanntheit verlieren. Befreien Sie sich von Ihrer Angst zu versagen, von Ihrer Anspannung, Erfolg haben zu müssen, und Sie werden bald Sie selbst sein. Entspannt. Sie werden dann nicht mehr mit angezogener Handbremse fahren. Genau das wird geschehen.

Es gibt einen schönen Satz von Tranxu, einem großen chinesischen Weisen, den ich mir gut gemerkt habe. Er lautet: „Wenn der Bogenschütze schießt, ohne einen besonderen Preis gewinnen zu wollen, kann er seine ganze Kunst entfalten; schießt er, um eine Bronzemedaille zu erringen, fängt er an, unruhig zu werden; schießt er um den ersten Preis, wird er blind, sieht zwei Ziele und verliert die Beherrschung. Sein Können ist dasselbe, aber der Preis spaltet ihn. Er ist ihm wichtig! Er denkt mehr ans Gewinnen als ans Schießen, und der Zwang zu gewinnen schwächt ihn."

Gilt dieses Bild nicht für die meisten Menschen?

Wenn man nicht für Erfolg lebt, verfügt man über all sein Können, besitzt man all seine Kräfte, ist man entspannt, sorgt man sich nicht, es macht einem nichts aus, ob man verliert oder gewinnt.

## *Die Kokosnuß*

Von einem Baum warf ein Affe eine Kokosnuß einem Sufi auf den Kopf.

Der Mann hob die Nuß auf, trank die Milch, aß das Fruchtfleisch und machte sich eine Schüssel aus der Schale.

# *Wie man es ansieht ...*
# *oder*
# *Die Kunst, unglücklich zu sein*

## *Wenn er nun nein sagt?*

Samuel war sehr niedergeschlagen, und es war ihm nicht zu verdenken. Sein Vermieter hatte ihm die Wohnung gekündigt, und er wußte nicht, wohin. Plötzlich hatte er eine Idee. Er könnte eigentlich bei seinem guten Freund Moshe wohnen. Dieser Gedanke beruhigte Samuel, bis ihm ein anderer Gedanke durch den Kopf schoß, nämlich: „Was macht dich so sicher, daß Moshe dich in seiner Wohnung aufnehmen wird?" – „Warum sollte er nicht?" sagte Samuel etwas gereizt zu dem Gedanken. „Schließlich habe ich die Wohnung gefunden, wo er jetzt lebt, habe ihm sogar das Geld vorgestreckt, damit er die Miete für die ersten sechs Monate bezahlen konnte. Das ist doch wirklich das wenigste, was er tun könnte, mich für ein oder zwei Wochen aufzunehmen, wenn es nötig ist."

Damit war die Sache erledigt, bis er nach dem Essen wieder von dem Gedanken heimgesucht wurde: „Angenommen, er weigerte sich?" – „Weigern?" sagte Samuel. „Warum in Gottes Namen sollte er sich weigern? Er verdankt mir alles, was er hat. Ich habe ihm auch seinen Job verschafft; ich habe ihn mit dieser schönen Frau bekannt gemacht, die nun seine Ehefrau ist und ihm die drei Söhne geboren hat, auf die er so stolz ist. Und er soll mir ein Zimmer für eine Woche verweigern? Unmöglich."

Damit war für Samuel die Angelegenheit erledigt, bis er ins Bett ging und nicht einschlafen konnte, weil der Gedanke zurückkehrte und sagte: „Angenommen, er weigert sich. Was dann?" Das war zuviel für Samuel. „Wie zum Teufel könnte er sich weigern", sagte er, und Wut stieg in ihm hoch. „Wenn der Mann heute noch lebt, verdankt er es mir. Ich rettete ihn als Jungen vor dem Ertrinken. Sollte er so undankbar sein, mich mitten im Winter auf die Straße zu schicken?"

Doch der Gedanke war hartnäckig. „Bloß einmal angenommen ..."

Der arme Samuel schlug sich damit herum, solange er konnte. Schließlich stand er morgens gegen zwei Uhr auf, ging in Moshes Wohnung, drückte so lange auf die Klingel, bis Moshe halb im Schlaf die Tür öffnete und erstaunt fragte: „Samuel! Was ist los? Warum kommst du mitten in der Nacht hierher?"

Samuel war mittlerweile so wütend, daß er sich nicht beherrschen konnte, und brüllte: „Ich werde dir erzählen, was mich mitten in der Nacht hierher bringt. Wenn du denkst, daß ich dich bitten werde, mich auch nur für einen einzigen Tag unterzubringen, täuschst du dich. Ich will mit dir nichts zu tun haben, mit dir, deinem Haus, deiner Frau oder deiner Familie. Fahrt doch alle zur Hölle!" Mit diesen Worten machte er auf dem Absatz kehrt und ging davon.

## *Die Experten*

Eine Sufi-Geschichte:

Ein Mann, den man für tot hielt, wurde von seinen Freunden zur Beerdigung getragen. Als der Sarg in das Grab hinabgelassen werden sollte, kam der Mann plötzlich wieder zu sich und schlug gegen den Sargdeckel.

Der Sarg wurde geöffnet; der Mann richtete sich auf. „Was tut ihr?" fragte er die versammelte Menge. „Ich lebe, ich bin nicht tot."

Seine Worte stießen auf verblüfftes Schweigen. Schließlich sagte einer der Trauergäste: „Mein Freund, sowohl die Ärzte wie die Priester haben deinen Tod bescheinigt. Die Fachleute können sich doch wohl nicht täuschen."

Also wurde der Sargdeckel wieder zugeschraubt, und der Mann wurde beerdigt, wie es sich gehörte.

## *Gesang mit Nachhall*

Eine Frau nahm Gesangsunterricht. Sie hatte eine solch kreischende Stimme, daß ihr Nachbar es nicht mehr aushalten konnte. Schließlich nahm er allen Mut zusammen, klopfte an ihre Tür und sagte: „Madam, wenn Sie nicht mit dem Singen aufhören, werde ich noch verrückt."

„Was reden Sie da?" antwortete die Frau. „Ich habe schon seit zwei Stunden aufgehört."

## *Erst fünfundachtzig*

Ein älterer Mann stand mit einem Stück Kuchen in der Hand vor der Tür: „Meine Frau wird heute sechsundachtzig", sagte er, „und ich soll Ihnen ein

Stück Geburtstagskuchen bringen." Der Kuchen wurde dankbar in Empfang genommen, besonders weil der Mann fast eine halbe Meile gelaufen war, um ihn zu überbringen.

Eine Stunde später stand er wieder vor der Tür. „Ist etwas passiert?" wurde er gefragt.

„Nun ja", sagte er verlegen, „Agatha hat mich zurückgeschickt, um zu sagen, sie sei erst fünfundachtzig."

## *Hahn und Bauernpferd*

Ein Hahn scharrte in der Box eines großen Bauernpferdes. Als das Pferd unruhig wurde und hin und her zu stampfen begann, blickte der Hahn zu ihm auf und sagte: „Wir sollten beide vorsichtig sein, Brüderchen, sonst treten wir uns gegenseitig auf die Zehen."

## *Hundekonfession*

Es war einmal ein Mann, der zu einem Priester ging und bat: „Herr Pfarrer, ich möchte, daß Sie eine Messe für meinen Hund lesen." Der Priester war empört: „Was soll das heißen, eine Messe für Ihren Hund lesen?" – „Es war mein Schoßhund", sagte der Mann. „Ich habe diesen Hund geliebt und möchte, daß Sie für ihn eine Messe lesen."

Der Priester wehrte ab: „Wir feiern keine Messen für Hunde. Versuchen Sie es doch bei der Konfession um die Ecke. Fragen Sie dort, ob Sie eine Messe haben können."

Schon in der Tür, drehte sich der Mann noch einmal um und sagte: „Zu schade, ich habe diesen Hund wirklich geliebt. Ich wollte für die Messe eine Spende von einer Million Dollar machen."

Darauf der Priester prompt: „Warten Sie doch! Warum haben Sie mir nicht gleich gesagt, daß der Hund katholisch war?"

## *Der Preis der Tomaten*

In der Gemüseabteilung eines Supermarktes wollte eine Frau gerade ein paar Tomaten aussuchen, als ihr ein scharfer Schmerz in den Rücken schoß; sie konnte sich nicht mehr rühren und stieß einen Schrei aus.

Ein anderer Käufer neben ihr drehte sich verständnisvoll um und sagte: „Wenn Sie denken, die Tomaten sind teuer, dann sehen Sie sich mal die Fischpreise an."

## *Der Hippie mit einem Schuh*

Ein Mann stieg in einen Bus und kam neben einem jungen Mann zu sitzen, der offensichtlich ein Hippie war. Er hatte nur einen Schuh an.

„Du hast wohl einen Schuh verloren, mein Junge."

„Nein, guter Mann", lautete die Antwort, „ich habe einen gefunden."

## Ich verspreche es

*Wir sehen die Menschen meistens durch die Brille unserer vorgefaßten Meinungen*

Chef: „Sie sehen erschöpft aus. Was ist los?"
Sekretärin: „Also ... nein, Sie würden es nicht glauben, wenn ich es Ihnen sagte."

„Natürlich würde ich es glauben."

„Nein, das würden Sie nicht, das weiß ich."

„Ich werde Ihnen bestimmt glauben, ich verspreche es."

„Also gut, ich habe heute zuviel gearbeitet."

„Das glaube ich nicht."

## Beruhigungspillen

*Nur zu oft sehen wir die Menschen nicht, wie sie sind, sondern wie wir sind.*

Eine aktive junge Frau fühlte sich gestreßt und überanstrengt. Der Arzt verschrieb ihr Tranquilizer und sagte, sie solle nach einigen Wochen wiederkommen.

Als sie das nächste Mal kam, fragte er sie, ob sie sich besser fühle. Sie sagte: „Nein, aber ich habe festgestellt, daß die anderen Leute viel entspannter zu sein scheinen."

## *Keine gute Hausfrau*

Eine Frau beschwerte sich bei einer Freundin, die sie besuchte, daß ihre Nachbarin keine gute Hausfrau sei. „Du solltest sehen, wie schmutzig ihre Kinder sind – und ihr Haus. Es ist beinahe eine Schande, in der Nachbarschaft zu wohnen. Sieh dir bloß einmal die Wäsche an, die sie draußen auf die Leine gehängt hat. Man erkennt deutlich die schwarzen Streifen auf den Laken und den Handtüchern."

Die Freundin ging zum Fenster und sagte: „Ich glaube, die Wäsche ist ganz sauber, meine Liebe. Die Streifen sind auf deinen Fensterscheiben."

## *Logik*

Als der Meister einmal gefragt wurde, warum er sich niemals mit jemandem auf einen Disput einlasse, erzählte er eine Geschichte von dem alten Hufschmied, der einem Freund anvertraute, daß es der Wunsch seines Vaters war, wie er Hufschmied zu werden, während seine Mutter ihn am liebsten als Zahnarzt gesehen hätte.

„Und du weißt, ich bin glücklich, daß der Vater seinen Willen erfüllt bekam, denn wäre ich Zahnarzt geworden, hätte ich verhungern müssen. Ich kann das beweisen."

„Wie denn?" wollte der Freund wissen.

„Ganz klar, ich stehe dreißig Jahre in dieser Schmiede, und nicht ein einziges Mal in der ganzen Zeit wollte jemand von mir einen Zahn gezogen haben."

„Das“, schloß der Meister, „ist die Logik, aus der Argumente gemacht sind. Wenn du *siehst*, brauchst du keine Logik.“

## *Der Scharlatan*

Die Halle war zum Brechen voll, meistens ältliche Damen. Es handelte sich um eine Art neuer Religion oder Sekte. Einer der Redner, nur mit Turban und Lendentuch bekleidet, stand auf. Er sprach gefühlvoll von der Macht des Geistes über die Materie, der Psyche über den Körper.

Alle lauschten gebannt. Schließlich kehrte der Redner auf seinen Platz mir gegenüber zurück. Sein Nachbar wandte sich ihm zu und fragte in einem lauten Flüstern: „Glauben Sie wirklich, was Sie gesagt haben, daß der Körper nichts fühlt, daß sich alles im Geist abspielt und daß der Geist bewußt durch den Willen beeinflußt werden kann?“

Der Scharlatan erwiderte in frommer Überzeugung: „Natürlich glaube ich das.“

Darauf der Nachbar: „Würden Sie dann bitte mit mir den Platz tauschen? Ich sitze nämlich genau im Zug.“

## *Wie man es ansieht*

Der Gedanke, daß alles in der Welt vollkommen ist, überstieg das Maß dessen, womit die Schüler einverstanden sein konnten. So faßte es der

Meister in Begriffe, die ihrem Verständnis besser entsprachen. „Gott webt vollkommene Muster mit den Fäden unseres Lebens", sagte er, „sogar mit unseren Sünden. Der Grund, warum wir dies nicht erkennen, liegt darin, daß wir die Rückseite des Teppichs betrachten."

Und noch prägnanter: „Was manche Leute für einen glänzenden Stein halten, erkennt der Juwelier als einen Diamanten."

## *Mit Teelöffeln*

Diese Maschine", sagte der Fachmann für effektivere Arbeitsvorgänge, „hat Scharen von Männern die Arbeit weggenommen. Man sollte sie eigentlich zerstören und dafür hundert Männer mit Hacke und Schaufel in diesen Graben stellen."

„Richtig", sagte der Meister, „oder noch besser tausend Männer mit Teelöffeln."

## *So weit, wie wir konnten*

Eine religiös eingestellte Frau beklagte das Verhalten der jungen Generation. „Die Autos sind daran schuld. Denken Sie nur, wie weit die jungen Leute heute zum Tanz oder zu einer Verabredung gehen können. Zu unserer Zeit war das anders, nicht wahr, Großmutter?"

Siebenundachtzigjährige Dame: „Ach, wir gingen sicherlich so weit, wie wir konnten."

## *Nimm zwei!*

Mutter: „Bist du dir im klaren, daß Gott anwesend war, als du den Keks in der Küche geklaut hast?"

„Ja."

„Und daß er dich die ganze Zeit über angeschaut hat?"

„Ja."

„Und was, meinst du, hat er zu dir gesagt?"

„Er sagte: Niemand ist hier außer uns beiden – nimm zwei."

# *Man kann es nie wissen*
# *oder*
# *Der Trick mit der Wahrheit*

## *Paßt alles!*

Mullah Nasrudins Sehnsucht nach Wahrheit war so leidenschaftlich, daß er weite Reisen unternahm, um Korangelehrte zu treffen, und er scheute sich auch nicht, im Basar Ungläubige in Diskussionen über Glaubenswahrheiten zu verwickeln.

Eines Tages sagte ihm seine Frau, wie ungerecht er sie behandele, und sie mußte entdecken, daß ihr Mann für diese Art von Wahrheit nicht das geringste Interesse hatte!

*Und einzig um diese Art der Wahrheit geht es. Unsere Welt wäre eine andere, wenn die Gelehrten und Ideologen unter uns, seien es religiöse oder weltliche, von der gleichen Leidenschaft nach Selbsterkenntnis getrieben würden, die sie für ihre Theorien und Dogmen entfalten.*

„Sehr gute Predigt", sagte eine Frau aus der Gemeinde, als sie dem Priester die Hand schüttelte. „Alles, was Sie sagten, paßt auf den einen oder anderen meiner Bekannten."

## *Die Türangeln*

„Warum erlangen die meisten Menschen keine Erleuchtung?" fragte jemand den Meister.

„Weil sie als Verlust ansehen, was tatsächlich ein Gewinn ist."

Dann erzählte er von einem Bekannten, der ein

Geschäft eröffnete, das bald florierte. Die Kundschaft strömte den ganzen Tag.

Als der Meister dem Kaufmann zu dem Erfolg gratulierte, erwiderte dieser besorgt: „Sehen Sie die Dinge doch ganz realistisch, und schauen Sie sich nur einmal die Ladentüren an. Wenn sie so viele Leute ständig auf- und zumachen, muß ich die Türangeln bald erneuern lassen."

## *Vater, ich bin zurück*

Ein Soldat wurde eilends von der Front zurückgerufen, weil sein Vater im Sterben lag. Er erhielt eine Sondergenehmigung, denn außer ihm hatte der Vater keine Familienangehörigen mehr.

Als er die Intensivstation betrat, erkannte er sofort, daß dieser halb bewußtlose Mann mit Schläuchen in Mund und Nase nicht sein Vater war. Irgend jemand hatte sich geirrt und den falschen Soldaten von der Front geholt.

„Wie lange wird er noch leben?" fragte er den Arzt.

„Nur noch ein paar Stunden. Sie haben es gerade noch geschafft."

Der Soldat dachte an den Sohn des sterbenden Mannes, der, Gott weiß wo, Tausende von Meilen entfernt an der Front war. Er dachte an den alten Mann, der nur in der Hoffnung am Leben geblieben war, daß er seinen Sohn noch einmal sehen würde, ehe er starb. Das bestimmte seinen Entschluß. Er beugte sich vor, ergriff die Hand des alten Mannes und sagte:

„Vater, ich bin da. Ich bin zurück."

Der Sterbende umklammerte die hingestreckte Hand; seine leeren Augen öffneten sich und blickten umher; ein zufriedenes Lächeln ging über sein Gesicht und blieb dort, bis er etwa eine Stunde später starb.

## *Die Entdeckung*

In einer kleinen Stadt ereignete sich ein Autounfall. Viele Menschen standen um das Opfer herum, und ein Zeitungsreporter konnte nicht nahe genug herankommen, um zu sehen, um wen es sich handelte.

Da kam ihm ein Gedanke. „Ich bin der Vater des Opfers!" rief er. „Bitte, laßt mich durch."

Die Menge machte ihm Platz, so daß er direkt zur Unglücksstelle gelangte. Dort entdeckte er zu seiner Verlegenheit, daß das Opfer ein Esel war.

## *Wie soll er heißen?*

Als es an der Zeit war, ihrem Erstgeborenen einen Namen zu geben, begann ein Ehepaar zu streiten. Die Frau wollte ihn nach ihrem Vater nennen, der Mann bestand darauf, daß der Sohn den Namen seines Vaters trägt. Schließlich wandten sich beide an den Rabbi, der ihren Streit schlichten sollte.

„Wie hieß dein Vater?" fragte der Rabbi den Mann.

„Abijah."

„Und deiner?" fragte er die Frau.

„Abijah."

„Wo liegt dann das Problem?" fragte der Rabbi verwirrt.

„Das ist so, Rabbi", sagte die Frau. „Mein Vater war ein Gelehrter, und seiner ein Pferdedieb. Wie kann ich zulassen, daß mein Sohn nach einem Schurken benannt wird?"

Der Rabbi dachte ernsthaft darüber nach, denn das Problem war in der Tat heikel. Er wollte nicht, daß die eine Partei das Gefühl hatte, gewonnen, oder die andere, verloren zu haben. Also sagte er schließlich: „Ich schlage folgendes vor: Nennt den Jungen Abijah. Dann wartet ab und seht, ob er ein Gelehrter oder ein Pferdedieb wird. Dann wißt ihr, nach wem ihr ihn benannt habt."

## *Halb verschenkt*

Ich habe gehört, Sie haben Ihr Fahrrad verkauft."

„Das stimmt."

„Wieviel haben Sie dafür bekommen?"

„Dreißig Dollar."

„Ein annehmbarer Preis!"

„Das ist richtig. Wenn ich freilich gewußt hätte, daß der Mann mir das Geld nicht bezahlen würde, hätte ich doppelt soviel verlangt."

## *Die Weißen oder die Schwarzen?*

Ein Schäfer weidete seine Schafe, als ihn ein Spaziergänger ansprach. „Sie haben aber eine schöne Schafherde. Darf ich Sie etwas in bezug auf die Schafe fragen?" – „Natürlich", sagte der Schäfer. Sagte der Mann: „Wie weit laufen Ihre Schafe ungefähr am Tag?" – „Welche, die weißen oder die schwarzen?" – „Die weißen." – „Die weißen laufen ungefähr vier Meilen täglich." – „Und die schwarzen?" – „Die schwarzen genausoviel."

„Und wieviel Gras fressen sie täglich?" – „Welche, die weißen oder die schwarzen?" – „Die weißen." – „Die weißen fressen ungefähr vier Pfund Gras täglich." – „Und die schwarzen?" – „Die schwarzen auch." – „Und wieviel Wolle geben sie ungefähr jedes Jahr?" – „Welche, die weißen oder die schwarzen?" – „Die weißen." – „Nun ja, ich würde sagen, die weißen geben jedes Jahr ungefähr sechs Pfund Wolle zur Schurzeit." – „Und die schwarzen?" – „Die schwarzen genausoviel."

Der Spaziergänger war erstaunt. „Darf ich Sie fragen, warum Sie die eigenartige Gewohnheit haben, Ihre Schafe bei jeder Frage in schwarze und weiße aufzuteilen?" – „Das ist doch ganz natürlich", erwiderte der Schäfer, „die weißen gehören mir, müssen Sie wissen." – „Ach so! Und die schwarzen?" – „Die schwarzen auch", sagte der Schäfer.

*Der menschliche Verstand schafft törichte Kategorien, wo Liebe nur eine sieht.*

## Vorsehung

Ein Priester saß an seinem Schreibtisch am Fenster und bereitete eine Predigt über die Vorsehung vor, als er plötzlich eine Explosion zu hören glaubte. Bald sah er auch Menschen in Panik hin und her laufen und erfuhr, daß ein Damm gebrochen war, der Fluß Hochwasser führte und die Bevölkerung evakuiert wurde.

Der Priester sah, wie das Wasser auf der Straße stieg. Es fiel ihm schwer, aufsteigende Panik zu unterdrücken, aber er sagte sich: „Ausgerechnet jetzt arbeite ich an einer Predigt über die Vorsehung, da erhalte ich Gelegenheit zu praktizieren, was ich predige. Ich werde nicht fliehen. Ich werde hier bleiben und auf Gottes Vorsehung, mich zu retten, vertrauen."

Als das Wasser bis zu seinem Fenster stand, fuhr ein Boot vorbei, und die Menschen darin riefen ihm zu: „Steigen Sie ein, Herr Pfarrer." – „O nein, Kinder", sagte der Priester zuversichtlich, „ich vertraue auf die Vorsehung. Gott wird mich retten."

Er kletterte jedoch auf das Dach, und als das Wasser auch bis dorthin stieg, kam ein weiteres Boot voller Menschen vorbei, und sie drängten den Pfarrer, einzusteigen. Wiederum lehnte er ab.

Dieses Mal stieg er bis in die Glockenstube. Als ihm das Wasser bis zu den Knien reichte, schickte man einen Polizeioffizier mit einem Motorboot, um ihn zu retten. „Nein, danke, Herr Offizier", sagte der Priester ruhig lächelnd. „Sehen Sie, ich vertraue auf Gott. Er wird mich nicht im Stich lassen."

Als der Pfarrer ertrunken und zum Himmel aufgestiegen war, beklagte er sich sofort bei Gott. „Ich habe dir vertraut! Warum tatest du nichts, um mich zu retten?"

„Nun ja", erwiderte Gott, „immerhin habe ich drei Boote geschickt."

## Erwählt

Während ein Besucher dem Meister seine Religion erklärte, sagte er: „Wir glauben, Gottes auserwähltes Volk zu sein."

„Was heißt das?" wollte der Meister wissen.

„Daß Gott uns unter allen Völkern der Erde ausgewählt hat."

„Ich glaube, ich kann erraten, welches unter all den Völkern der Erde diese Entdeckung gemacht hat", entgegnete der Meister durchdringend.

## Atmosphäre

Der Meister war gewiß nicht ahnungslos hinsichtlich dessen, was sich in der Welt abspielte. Als er darum gebeten wurde, einen seiner bevorzugten Aussprüche zu verdeutlichen, nämlich: „Es gibt weder gut noch schlecht, vielmehr macht es das Denken dazu", sagte er:

„Hast du jemals erlebt, daß aus dem, was die Leute in der Bahn Gedränge nennen, in einem Nachtclub Atmosphäre entsteht?"

## *Übergewechselt*

Um denselben Grundsatz zu verdeutlichen, erzählte der Meister bei anderer Gelegenheit, wie er als Kind einmal seinen Vater – einen berühmten Politiker – scharfe Kritik üben hörte an einem Parteianhänger, der zur Opposition übergewechselt war.

„Aber Vater", sagte er ihm, „ein andermal warst du voll des Lobes über den Mann, der die Opposition verließ, um sich deiner Partei anzuschließen."

„Sehr richtig, mein Sohn! Daraus magst du diese wichtige Wahrheit in deinem jungen Leben lernen: Diejenigen, die zur anderen Partei überwechseln, sind Verräter; diejenigen, die zur eigenen Partei kommen, sind Bekehrte."

## *Keine Probleme*

Eine Religionsgemeinschaft pflegte ihre Veranstaltungen in einem Hotel abzuhalten, dessen Devise in großen Lettern an den Wänden der Empfangshalle stand: „Es gibt keine Probleme, nur Chancen."

Ein Mann trat an die Rezeption und sagte: „Entschuldigung, ich habe ein Problem."

Der Empfangschef erwiderte lächelnd: „Wir kennen keine Probleme, Sir, nur Chancen."

„Nennen Sie es, wie Sie wollen", sagte der Mann ungeduldig, „in dem mir zugewiesenen Zimmer ist eine Frau."

## Ernsthaft erkrankt

Der Meister legte seinen Schülern dar, daß Erleuchtung dann eintritt, wenn sie das *nichtdeutende* Sehen erlangt hätten.

Die Schüler wollten nun wissen, was *deutendes* Sehen sei. Der Meister erklärte es ihnen so:

Ein paar katholische Straßenarbeiter waren an einer Baustelle nicht weit weg von einem Bordell beschäftigt, als sie einen Rabbi in dem nicht gerade angesehenen Haus verschwinden sahen.

„Na ja, was kann man schon erwarten?" tuschelten sie einander zu.

Nach einer Weile schlüpfte ein Pastor durch die Tür. Nichts Überraschendes. „Was kann man schon erwarten?"

Daraufhin kam der katholische Pfarrer, der sein Gesicht mit dem Mantel bedeckte, bevor er in dem Haus verschwand. „Ist das nicht schrecklich? Eines dieser Mädchen muß ernsthaft erkrankt sein."

## Nachfüllung

Ein kleines Mädchen steht mit einer Bananenschale in der Hand vor einem Obstladen. „Was möchtest du, Kleine?" fragt der Verkäufer.

„Eine Nachfüllung", lautet die Antwort.

## *Man kann es nie wissen*

Der Meister und ein Schüler begegneten unterwegs einem Blinden, der am Straßenrand saß und bettelte.

Sagte der Meister: „Gib dem Mann ein Almosen!"

Der Schüler warf eine Münze in den Hut des Bettlers.

Sagte der Meister: „Du hättest deinen Hut ziehen sollen als Zeichen des Respekts."

„Warum?" wollte der Schüler wissen.

„Man sollte es immer tun, wenn man ein Almosen gibt."

„Aber der Mann war doch blind!"

„Man kann es nie wissen", erwiderte der Meister, „vielleicht war er ein Schwindler."

## *Das Erkennungszeichen*

Ein Passagier hatte sich auf den verschiedenen Decks eines großen Ozeandampfers verirrt.

Schließlich traf er einen Steward und bat ihn, ihm zu helfen, seine Kabine wieder zu finden.

„Welche Nummer hat Ihre Kabine, Sir?" fragte der Steward.

„Das weiß ich nicht, aber ich würde sie sofort erkennen, weil vor dem Bullauge ein Leuchtturm war."

## *Zu seinem Wort stehen*

Richter: „Wie alt sind Sie?"
Sträfling: „Zweiundzwanzig, Sir."

Richter: „Das erzählen Sie uns schon seit zehn Jahren."

Sträfling: „Das stimmt, Sir. Ich gehöre nicht zu denen, die heute so reden und morgen so."

## *Auf der Gewinnerseite*

Ein Engländer wanderte in die Vereinigten Staaten aus und wurde amerikanischer Staatsbürger.

Als er zu Ferien nach England zurückkam, machte ihm eine Verwandte Vorwürfe, daß er seine Staatsbürgerschaft gewechselt habe.

„Was hast du damit gewonnen, daß du amerikanischer Staatsbürger geworden bist?" fragte sie.

„Nun ja, zumindest bin ich im amerikanischen Unabhängigkeitskrieg auf der Gewinnerseite", lautete die Antwort.

## *In der Jauchegrube*

Ein Betrunkener, der nachts unterwegs war, fiel in eine Jauchegrube. Als er immer tiefer in die flüssige Masse sank, begann er „Feuer" zu schreien.

Mehrere Passanten hörten ihn und stürzten herbei, um ihm zu helfen. Als sie ihn herausgezogen hatten, fragten sie ihn, warum er „Feuer" geschrien habe, obwohl doch nichts gebrannt hatte.

Er gab ihnen die Antwort: „Wäre einer von Ihnen zu Hilfe gekommen, wenn ich ‚Scheiße' geschrien hätte?"

## *Sauer wie Mango*

Der große Thomas von Aquin schrieb nicht und redete nicht gegen Ende seines Lebens; er hatte gesehen. Ich war der Meinung, er habe sein berühmtes Stillschweigen nur ein paar Monate eingehalten, aber es dauerte Jahre. Er erkannte, daß er einen Narren aus sich gemacht hatte, was er auch ausdrücklich sagte. Es wäre dasselbe, wie wenn Sie noch nie eine grüne Mango versucht hätten und mich fragen würden: „Wie schmeckt sie?", und ich antworten würde: „Sauer." Doch indem ich Ihnen dieses Wort vorgäbe, würde ich Sie schon vom Weg abbringen. Versuchen Sie, das zu verstehen.

Die meisten Menschen sind nicht sehr weise; sie eignen sich Worte an – Worte der Schrift zum Beispiel – und verstehen alles falsch. „Sauer", sage ich also, und Sie fragen: „Sauer wie Essig oder wie eine Zitrone?" Nein, nicht sauer wie eine Zitrone, sondern sauer wie eine Mango. „Aber ich habe noch nie eine probiert", antworten Sie. Das ist schade! Aber Sie lassen sich nicht beirren und schreiben eine Doktorarbeit darüber. Wenn Sie eine Mango probiert hätten, hätten Sie das nicht getan, wirklich nicht. Sie hätten vielleicht über ein anderes Thema eine Doktorarbeit geschrieben, aber nicht über Mangofrüchte. Und an dem Tag, an dem Sie endlich eine grüne Mango versuchen, werden Sie sagen: „O nein, wie habe ich mich zum Narren gemacht. Hätte ich diese Doktorarbeit doch nie geschrieben!" Genau das hat Thomas von Aquin getan.

## *Vorurteil*

Nichts ist gut oder schlecht, solange es das Denken nicht dazu macht", sagte der Meister.

Als er gebeten wurde, das näher zu erklären, sagte er: „Ein Mensch hielt fröhlich sieben Tage in der Woche ein religiöses Fastengebot ein. Sein Nachbar verhungerte bei der gleichen Diät."

## *Wie lange?*

Wie lange werde ich brauchen, um mein Problem zu lösen?"

„Keine Minute länger, als du brauchst, um es zu verstehen", erwiderte der Meister.

## *Unwissenheit*

Der junge Schüler war ein solches Wunderkind, daß Gelehrte von überall her seinen Rat suchten und sein Wissen bestaunten.

Als der Gouverneur einen Ratgeber suchte, kam er zu dem Meister und sagte: „Sagt mir, stimmt es, daß der junge Mann soviel weiß, wie allgemein behauptet wird?"

„Ehrlich gesagt", erwiderte der Meister trocken, „der Bursche liest so viel, daß ich mir nicht vorstellen kann, woher er die Zeit nimmt, irgend etwas zu wissen."

## *Was siehst du?*

Der Meister hob hervor, daß die Welt, wie sie die meisten Leute sehen, nicht die Welt der Wirklichkeit ist, sondern eine Welt, die ihr Kopf hervorgebracht hat.

Als ein Schüler das in Frage stellen wollte, nahm der Meister zwei Stöcke und legte sie in Form eines T auf den Boden. Dann fragte er den Schüler: „Was siehst du hier?"

„Den Buchstaben T", antwortete er.

„Genauso habe ich es mir vorgestellt", sagte der Meister. „Es gibt von sich aus keinen Buchstaben T; das T ist die Bedeutung, die du ihm gibst. Was du vor dir siehst, sind zwei abgebrochene Äste in Form von Stöcken."

## *Noch mehr Worte*

Von Mark Twain stammt der schöne Satz: „Es war sehr kalt, und wäre das Thermometer noch ein paar Zentimeter länger gewesen, wären wir erfroren." – Wir erfrieren an Wörtern. Nicht die Kälte draußen spielt eine Rolle, sondern das Thermometer. Nicht die Realität fällt ins Gewicht, sondern was man sich selbst über sie sagt.

Ich hörte einmal eine schöne Geschichte von einem Bauern in Finnland. Als die russisch-finnische Grenze gezogen wurde, mußte der Bauer sich entscheiden, ob er in Rußland oder in Finnland leben wollte. Nach langer Bedenkzeit sagte er, er wolle in Finnland leben, doch wollte er die russischen Beamten nicht vor den Kopf stoßen. Diese kamen zu ihm und fragten ihn, wieso er in Finnland leben wollte. Er antwortete: „Es war schon immer mein Wunsch, in Mütterchen Rußland zu leben, aber in meinem Alter könnte ich keinen russischen Winter mehr überleben."

## *Unerhört grün*

Ein Mann, von Geburt an blind, kommt zu mir und fragt: „Was ist das, was man grün nennt?" – Wie beschreibt man jemandem die Farbe Grün, der noch nie gesehen hat? Mit Hilfe von Analogien. Also antworte ich: „Die Farbe Grün ist wie sanfte Musik." – „Oh", sagt er, „wie sanfte Musik." – „Ja", bestätige ich ihm, „sanfte und beruhigende Musik."

Ein anderer Blinder kommt zu mir und fragt: „Was ist die Farbe Grün?" Ich erzähle ihm etwas von fließendem Satin, ganz glatt und angenehm anzufassen. Am nächsten Tag sehe ich, wie sich die beiden Männer gegenseitig Flaschen auf die Köpfe schlagen. Der eine sagt: „Es ist wie sanfte Musik", der andere sagt: „Es ist wie glatter Satin." Und so geht es weiter. Keiner weiß, wovon er spricht – wüßten sie es, wären sie still. Genauso schlimm ist es, ja sogar noch schlimmer, denn wenn dieser Mann eines Tages das Augenlicht erhält, im Garten sitzt und um sich schaut, und Sie ihm sagen: „Jetzt wissen Sie auch, was die Farbe Grün ist", wird er antworten: „Ja, das stimmt. Ich habe heute morgen ein Stück gehört."

# *Die lieben anderen oder Aller Kummer dreht sich um das Selbst*

## *Die Religion der alten Dame*

Eine sehr religiös eingestellte alte Dame hatte an allen bestehenden Religionen etwas auszusetzen, also gründete sie eine eigene.

Eines Tages sagte ein Reporter zu ihr, der sich wirklich bemühte, ihre Ansicht zu verstehen: „Glauben Sie wirklich, wie man behauptet, daß niemand in den Himmel kommen wird außer Ihnen und Ihrem Hausmädchen?"

Die alte Dame dachte über die Frage nach und erwiderte dann: „Bei Mary bin ich nicht so sicher."

## *Liebe vergißt*

Warum sprichst du ständig von meinen früher begangenen Fehlern?" sagte der Ehemann. „Ich dachte, du hättest sie vergeben und vergessen."

„Ich habe tatsächlich vergeben und vergessen", antwortete die Ehefrau, „aber ich möchte sicher sein, daß du nicht vergißt, daß ich vergeben und vergessen habe."

## *Weisheit schweigt*

Vier Mönche beschlossen, einen Monat zu schweigen.

Zunächst ging alles gut, aber nach dem ersten Tag sagte ein Mönch: „Ich bin nicht sicher, ob ich meine

Zellentür zugeschlossen habe, als wir das Kloster verließen."

Ein anderer sagte: „Du Narr! Wir haben beschlossen, einen Monat zu schweigen, und nun hast du das Schweigen gebrochen."

Der dritte sagte: „Und du? Du hast es auch gebrochen."

Sagte der vierte: „Gott sei Dank bin ich der einzige, der noch nicht gesprochen hat."

## *Johnny und der Ziegenbock*

*Der sicherste Weg, eine Beziehung zu töten, ist, stets auf dem eigenen Willen zu bestehen.*

Johnny war ein stämmiger robuster Junge von drei Jahren. Er freundete sich mit Ziegenbock Billy von nebenan an. Jeden Morgen rupfte er etwas Gras und Salatblätter ab und brachte sie Billy zum Frühstück. Ihre Freundschaft wurde so eng, daß Johnny sich stundenlang in Billys freundlicher Gesellschaft aufhielt.

Eines Tages kam Johnny auf die Idee, ein anderes Menü würde Billy guttun. Also ging er mit Rhabarber anstatt mit Salat zu seinem Freund. Billy knabberte ein bißchen am Rhabarber, stellte fest, daß er ihn nicht mochte, und schob ihn weg. Johnny ergriff Billy an einem Horn und versuchte, ihn dazu zu bringen, den Rhabarber zu fressen. Dieses Mal stieß Billy seinen Freund weg, zunächst ganz sanft, aber als Johnny insistierte, stieß er fest zu, so daß Johnny stolperte und mit einem Bums auf sein Hinterteil fiel.

Johnny war so beleidigt, daß er sich abbürstete, Billy wütend anblickte und nie wieder zu ihm kam. Einige Tage später, als sein Vater ihn fragte, warum er nie mehr hinüber ging, um mit Billy zu schwatzen, erwiderte Johnny: „Weil er mich zurückgewiesen hat."

## *Friedliche Hunde*

Nach einer heftigen Diskussion mit seiner Frau sagte ein Mann: „Warum können wir nicht friedlich zusammenleben wie unsere beiden Hunde, die sich nie zanken?"

„Das stimmt", pflichtete seine Frau bei, „aber binde sie mal zusammen, dann wirst du sehen, was passiert."

## *Erprobte Zuneigung*

Eine arabische Prinzessin hatte es sich in den Kopf gesetzt, einen ihrer Sklaven zu heiraten. Der König konnte tun oder sagen, was er wollte, nichts konnte das Mädchen von ihrem Entschluß abbringen. Und auch die königlichen Ratgeber wußten keinen Rat.

Schließlich erschien am Hof ein alter Weiser. Als er von des Königs Dilemma hörte, sagte er: „Euer Majestät ist schlecht beraten, denn wenn Ihr dem

Mädchen verbietet zu heiraten, wird sie es Euch nachtragen und sich nur noch mehr zu dem Sklaven hingezogen fühlen."

„Dann sagt mir, was ich tun soll", rief der König.

Der Weise machte einen Vorschlag. Der König war skeptisch, beschloß aber, einen Versuch zu machen. Er ließ die junge Frau zu sich kommen und sagte: „Ich werde deine Liebe zu diesem Mann auf die Probe stellen: dreißig Tage und Nächte wirst du mit deinem Liebsten in einer winzigen Zelle eingeschlossen werden. Wenn du ihn danach immer noch heiraten willst, werde ich einwilligen."

Die Prinzessin war außer sich vor Freude, umarmte ihren Vater und willigte begeistert ein, sich dieser Probe zu unterziehen. Ein paar Tage ging alles gut, aber nur zu bald breitete sich Langeweile aus. Nach einer Woche begann sie sich nach anderer Gesellschaft zu sehnen, und alles, was ihr Liebster tat oder sagte, trieb sie zur Verzweiflung. Nach zwei Wochen hatte sie den Mann so satt, daß sie anfing zu schreien und mit den Fäusten an die Zellentür zu hämmern. Als sie schließlich herausgelassen wurde, umarmte sie ihren Vater stürmisch voller Dankbarkeit, daß er sie vor dem Mann gerettet hatte, den sie nun verabscheute.

## *Sie könnten fliehen*

Einer Lehrerin fiel ein kleiner Junge in ihrer Klasse auf, der nachdenklich und in sich gekehrt dasaß.

„Was hast du für Kummer?" fragte sie.

„Um meine Eltern", erwiderte er. „Mein Vater arbeitet den ganzen Tag, um mich zu kleiden und zu ernähren und in die beste Schule der Stadt zu schicken. Und er macht Überstunden, damit ich das College besuchen kann. Meine Mutter kocht und putzt, bügelt und kauft ein, so daß ich mich um nichts zu kümmern brauche."

„Warum machst du dir dann Kummer?"

„Ich habe Angst, sie könnten versuchen, davonzulaufen."

## *Lulu*

Der Besucher einer Irrenanstalt sah, wie einer der Insassen auf einem Stuhl saß, sich ständig hin- und herwiegte und mit sanfter zufriedener Stimme wiederholte: „Lulu, Lulu ..."

„Was hat der Mann für ein Problem?" fragte er den Arzt.

„Lulu. Sie war die Frau, die ihn sitzengelassen hat", antwortete der Doktor.

Als sie die Runde fortsetzten, kamen sie zu einer Gummizelle, deren Bewohner seinen Kopf immer wieder gegen die Wand schlug und stöhnend wiederholte: „Lulu, Lulu ..."

„Ist Lulu auch das Problem dieses Mannes?" fragte der Besucher.

„Ja", erwiderte der Arzt, „ihn hat Lulu schließlich geheiratet."

*Es gibt eigentlich nur zwei Heimsuchungen im Leben: nicht zu bekommen, was man sich wünscht, und das, was man sich wünscht, zu bekommen.*

## *Familienbande*

Die Familie war um den Eßtisch versammelt. Der älteste Sohn kündigte an, er werde das Mädchen von gegenüber heiraten.

„Aber ihre Familie hat ihr nicht einen Pfennig hinterlassen", sagte der Vater mißbilligend.

„Und sie selbst hat nicht einen Pfennig gespart", ergänzte die Mutter.

„Sie versteht nichts vom Fußball", sagte Junior.

„Ich habe noch nie ein Mädchen mit solch komischer Frisur gesehen", sagte die Schwester.

„Sie tut nichts als Romane lesen", sagte der Onkel.

„Und sie zieht sich geschmacklos an", sagte die Tante.

„Aber sie spart nicht an Puder und Schminke", sagte die Großmutter.

„Alles richtig", sagte der Sohn, „aber sie hat, verglichen mit uns, einen großen Vorteil." – „Und der wäre?" wollten alle wissen.

„Sie hat keine Familie."

## *Die Liebe der Familie*

Einen Schüler verlangte es von ganzem Herzen, der Welt zu entsagen, aber er behauptete, seine Familie liebe ihn zu sehr, um ihn gehen zu lassen.

„Liebe?" sagte sein Guru. „Das ist durchaus keine Liebe. Hör zu ...", und er offenbarte dem Schüler ein Yoga-Geheimnis, wie er seinen eigenen Tod simulieren könnte. Am nächsten Tag war der Mann allem äußeren Anschein nach tot, und das Haus hallte wider vom Weinen und Klagen seiner Familie.

Dann tauchte der Guru auf und sagte den trauernden Angehörigen, er habe die Macht, den Mann wieder zum Leben zu erwecken, wenn jemand an seiner Stelle sterben würde. Freiwillige vor!

Zum Erstaunen des „Leichnams" begann jedes Familienmitglied Gründe vorzubringen, warum gerade er am Leben bleiben müßte. Seine Frau faßte die Gefühle aller zusammen und sagte: „Es ist eigentlich wirklich nicht notwendig, daß jemand seinen Platz einnimmt. Wir werden auch ohne ihn fertig werden."

## *Zuallererst die Kinder*

Drei Erwachsene frühstückten in der Küche, während die Kinder auf dem Fußboden spielten. Man unterhielt sich darüber, was jeder bei drohender Gefahr als erstes retten würde. Jeder sagte, natürlich zuallererst die Kinder.

Plötzlich platzte das Sicherheitsventil des

Schnellkochtopfes, und durch die Explosion war der Raum bald voller Dampf. In Sekundenschnelle hatten alle die Küche verlassen, außer den Kindern, die auf dem Fußboden spielten.

## *Tränen beim Begräbnis*

Beim Begräbnis eines sehr reichen Mannes sah man einen Fremden genau so laut klagen und weinen wie die anderen.

Der Priester, der die Trauerfeier hielt, ging zu ihm und fragte: „Sind Sie vielleicht ein Verwandter des Verstorbenen?"

„Nein."

„Warum weinen Sie dann?"

„Eben darum."

*Aller Kummer – was immer der Anlaß sein mag – dreht sich um das Selbst.*

## *Mach das Fenster zu*

Auf diese Weise führte der Meister das Verhalten reicher Nationen vor Augen:

Ein Mann wird durch die Rippenstöße seiner Frau aufgeweckt: „Steh auf und mach das Fenster zu, es ist draußen kalt."

Der Mann stöhnt: „Um Himmels willen! Wird es draußen wärmer, wenn ich das Fenster zumache?"

## *Die Lösung*

Einem Mann, der Jahre damit verbrachte, das Gesetz seiner Religion zu studieren, sagte der Meister:

„Der Schlüssel zu einem rechtschaffenen Leben ist Liebe, nicht Religion oder das Gesetz."

Dann erzählte er die Geschichte von zwei Jungen, die zur Sonntagsschule gingen und schließlich vom Religionsunterricht genug hatten, weshalb einer den Vorschlag machte, einfach wegzulaufen.

„Weglaufen? ... Unsere Väter werden uns aber einholen und verprügeln."

„Wir werden *sie* versohlen."

„Was? Den *Vater* versohlen? Du bist wohl verrückt. Hast du vergessen, daß Gott uns befohlen hat: Du sollst deinen Vater und deine Mutter ehren?"

„Ja, stimmt! Du versohlst meinen Vater und ich deinen."

## *Erfolg*

Jemand fragte den Meister: „Glauben Sie an Glück?"

„Durchaus", erwiderte er mit einem Aufblitzen in seinen Augen. „Wie sonst ließe sich der Erfolg von Leuten erklären, die man nicht mag."

## *Güte*

Ein Lebensmittelhändler kam in großer Sorge zum Meister, um mitzuteilen, daß genau gegenüber seinem Laden ein großer Supermarkt eröffnet hatte, der sein Geschäft kaputt machen würde. Seit hundert Jahren hatte der Laden seiner Familie gehört, und wenn er das Geschäft verlöre, wäre es sein Ruin, denn etwas anderes hätte er nicht gelernt.

Sagte der Meister: „Wenn du den Besitzer des Supermarktes fürchtest, wirst du ihn hassen. Und der Haß wird dein Ruin werden."

„Was soll ich tun?" fragte der verzweifelte Lebensmittelhändler.

„Jeden Morgen geh aus deinem Laden auf den Bürgersteig und segne dein Geschäft, daß es gut gehen möge. Dann dreh dich um und segne den Laden gegenüber gleichermaßen."

„Was? Meinen Konkurrenten und Verderber segnen?"

„Jeder Segen, den du ihm zuteil werden läßt, wird zu deinem Besten ausschlagen. Alles Böse, das du ihm wünschst, wird dich zerstören."

Nach sechs Monaten kam der Lebensmittelhändler wieder und berichtete, daß er, genau wie befürchtet, seinen Laden hatte schließen müssen, aber nun sei er Verwalter des Supermarktes und seine Geschäfte gingen besser als je zuvor.

## *Forderungen*

Ich habe gesagt: „Man hat kein Recht, irgendwelche Forderungen zu stellen." Bezieht sich das auch auf unsere Kinder? Früher oder später wird sich Ihr Kind – mit Gottes Segen – von Ihnen lösen müssen. Und Sie werden keine Rechte mehr über Ihre Tochter oder Ihren Sohn haben. Im Grunde ist sie oder er auch nicht Ihr Kind – das sind sie nie gewesen. Ihr Kind gehört dem Leben, nicht Ihnen. Niemand gehört Ihnen. Wovon Sie sprechen, ist die Erziehung des Kindes: Wenn du zu Mittag essen willst, mußt du zwischen zwölf und eins zu Hause sein, sonst bekommst du eben nichts mehr. Punktum. So ist das bei uns. Bist du nicht pünktlich, gibt es kein Essen. Du bist frei, aber die Konsequenzen mußt du tragen.

Wenn ich sage, daß man keine Erwartungen an andere haben soll, keine Forderungen stellen soll, meine ich damit Erwartungen und Forderungen, die meinem eigenen Wohlbefinden dienen. Der Präsident der Vereinigten Staaten muß zwangsläufig Forderungen an die Bürger stellen. Der Verkehrspolizist muß zwangsläufig Forderungen an die Verkehrsteilnehmer stellen. Aber diese Forderungen betreffen das allgemeine Verhalten – Verkehrsregeln, gute Organisation, das reibungslose Funktionieren der Gesellschaft –, sie sind nicht dazu da, daß der Präsident oder der Verkehrspolizist sich wohl fühlen können.

## *Rätselhaft*

Die Einstellung des Meisters zu Sozialeinrichtungen war irritierend. Das eine Mal war er ganz dafür, ein andermal schienen sie ihm gleichgültig zu sein.

Die Erklärungen, die er gelegentlich für diese Wechselhaftigkeit gab, waren nicht weniger rätselhaft. Er sagte:

„Derjenige, der Gutes tun möchte, muß an die Tür klopfen.

Für denjenigen, der liebt, ist die Tür immer offen."

## *Sehr gut, sehr gut*

In einem Fischerdorf bekam ein Mädchen ein uneheliches Kind, und nach vielen Schlägen gab sie endlich den Namen des Kindesvaters preis: der Zen-Meister, der den ganzen Tag im Tempel außerhalb des Dorfes meditierte.

Die Eltern des Mädchens, begleitet von vielen Dorfbewohnern, begaben sich zu dem Tempel, unterbrachen rücksichtslos des Meisters Meditation, beschimpften ihn wegen seiner Heuchelei und erklärten, da er der Vater des Kindes war, sollte er nun auch die Last der Erziehung tragen. Der Meister antwortete nur: „Sehr gut, sehr gut."

Als die Menge abgezogen war, hob er das Baby vom Boden auf und vereinbarte mit einer Frau aus dem Dorf, das Kind auf seine Kosten zu nähren und zu kleiden.

Der Ruf des Meisters war ruiniert. Niemand kam mehr zu ihm, um sich unterweisen zu lassen.

Als schließlich ein ganzes Jahr vergangen war, konnte es das Mädchen, das das Kind geboren hatte, nicht mehr länger aushalten und bekannte, daß sie gelogen hatte. Der Vater des Kindes war der Nachbarjunge.

Die Eltern und Dorfbewohner waren sehr zerknirscht. Sie warfen sich dem Meister zu Füßen, um seine Vergebung zu erhalten, und baten, ihnen das Kind zurückzugeben. Und er sagte nichts weiter als: „Sehr gut, sehr gut."

*Der erweckte Mensch!*

*Seinen Ruf verlieren? Kein großer Unterschied zu dem Verlust jenes Vertrages, den man gerade im Traum unterzeichnen wollte.*

## *Einklang*

Als ein Mann, dessen Ehe nicht gut ging, seinen Rat suchte, sagte der Meister: „Du mußt lernen, deiner Frau zuzuhören."

Der Mann nahm sich diesen Rat zu Herzen und kam nach einem Monat zurück und sagte, er habe gelernt, auf jedes Wort, das seine Frau sprach, zu hören.

Sagte der Meister mit einem Lächeln: „Nun geh nach Hause und höre auf jedes Wort, das sie nicht sagt."

## Wie man Tag und Nacht unterscheidet

Ein Guru fragte seine Schüler, wie sie das Ende der Nacht vom Beginn des Tages unterscheiden könnten.

Einer sagte: „Wenn man in der Entfernung ein Tier sieht und erkennt, ob es eine Kuh oder ein Pferd ist."

„Nein", sagte der Guru.

„Wenn man in der Entfernung einen Baum sieht und erkennt, ob es ein Paternosterbaum oder ein Mango ist."

„Wieder falsch", sagte der Guru.

„Also, wie dann?" fragten die Schüler.

„Wenn man in das Gesicht eines Mannes blickt und darin seinen Bruder erkennt; wenn man in das Gesicht einer Frau blickt und in ihr seine Schwester erkennt. Wer dazu nicht fähig ist, für den ist – wo immer die Sonne auch stehen mag – Nacht."

## Lohn der Angst

„Mein Freund ist nicht vom Schlachtfeld zurückgekommen, Sir. Erbitte Erlaubnis, ihn zu suchen und hereinzuholen."

„Abgelehnt", sagte der Offizier, „ich möchte nicht, daß Sie Ihr Leben aufs Spiel setzen für einen Mann, der wahrscheinlich tot ist."

Der Soldat machte sich trotzdem auf die Suche und kam eine Stunde später tödlich verwundet zurück, in den Armen seinen toten Freund.

Der Offizier tobte. „Ich habe Ihnen gesagt, er sei tot. Nun habe ich Sie beide verloren. Was hat es nun gebracht, hinauszugehen, um eine Leiche zurückzubringen?"

Der sterbende Mann antwortete: „Es hat sich gelohnt, Sir. Als ich ihn fand, lebte er noch. Und er sagte zu mir: ‚Ich wußte, Jack, daß du kommen würdest.'"

## *Liebe*

Ein frischverheiratetes Paar sagte: „Was sollen wir tun, damit unsere Liebe von Dauer ist?"

Sagte der Meister: „Liebt gemeinsam andere Dinge."

## *Augen und Augenlider*

Nachdem sich einer seiner Schüler eines ernsten Vergehens schuldig gemacht hatte, erwarteten alle, daß der Meister ihn exemplarisch bestrafen würde.

Als ein voller Monat vorübergegangen war, ohne daß er etwas getan hatte, machte man dem Meister Vorwürfe:

„Wir können nicht übersehen, was passiert ist. Schließlich hat uns Gott Augen gegeben."

„Ja", erwiderte der Meister, „und Augenlider."

## Urteil

„Wie soll ich anderen vergeben?"

„Wenn du nie verurteiltest, brauchtest du nie zu vergeben."

## Reichtum

Ehemann: „Weißt du, Liebling, ich werde hart arbeiten, und eines Tages werden wir reich werden."

Ehefrau: „Wir sind schon reich, Liebster, denn wir haben einander. Eines Tages werden wir vielleicht Geld haben."

## Du selbst

Ein Geschäftsmann wollte vom Meister wissen, was das Geheimnis eines erfolgreichen Lebens sei.

Sagte der Meister: „Mach jeden Tag einen Menschen glücklich!"

Und er fügte als nachträglichen Gedanken hinzu: „... selbst wenn dieser Mensch du selbst bist."

Nur wenig später sagte er: „*Vor allem*, wenn dieser Mensch du selbst bist."

## Wer nicht hilft

Wer nicht hilft, benachteiligt andere.
Wer hilft, benachteiligt sich selbst.
Ist man sich dieses Dilemmas nicht bewußt,
stirbt die Seele.
Hat man sich davon befreit, ist sie unsterblich.

## Abhängigkeit?

Wir alle hängen voneinander in verschiedenster Hinsicht ab, oder nicht? Wir hängen vom Metzger ab, vom Bäcker, vom Glühbirnenhersteller. Gegenseitige Abhängigkeit. So ist das! Nach diesem Schema schaffen wir eine Gesellschaft und weisen verschiedenen Menschen verschiedene Funktionen zu – zum Wohle aller, damit wir besser funktionieren und effizienter leben –, das hoffen wir zumindest. Aber voneinander psychologisch abhängig zu sein – voneinander gefühlsmäßig abzuhängen – was bedeutet das eigentlich? Es bedeutet, von einem anderen Menschen in puncto Glück abzuhängen.

Denken Sie einmal darüber nach. Denn wenn Sie das tun, wird das nächste, was Sie tun werden, sein – ob Sie sich dessen bewußt sind oder nicht – *zu verlangen*, daß andere Leute zu Ihrem Glück beitragen. Dann wird der nächste Schritt folgen: Angst – Angst vor Verlust, vor Entfremdung, vor Zurückweisung, gegenseitiger Kontrolle. Vollkommene Liebe vertreibt Angst. Wo Liebe ist, gibt es keine Ansprüche, keine Erwartungen, keine Abhängigkeit. Ich verlange nicht, daß du mich glücklich machst; mein Glück ist nicht in dir begründet. Wenn du mich verlassen würdest, würde ich mich nicht bedauern; ich genieße deine Gesellschaft über alle Maßen, aber ich klammere mich nicht an.

Ich genieße sie, ohne mich festzuklammern. Was ich eigentlich genieße, bist nicht du, es ist etwas, das größer ist als wir beide. Es ist etwas, das ich entdeckt habe, eine Art Sinfonie, eine Art Orchester, das in deiner Gegenwart eine Melodie spielt, doch wenn du gehst, hört das Orchester nicht auf zu spielen. Begegne ich jemand anderem, spielt es eine andere Melodie, die auch wunderbar ist. Und bin ich alleine, spielt es weiter. Es hat ein großes Repertoire und hört nie auf zu spielen.

Darum also geht es eigentlich beim Wachwerden.

## *Gemeinschaft oder Sklaverei*

Einsamkeit heißt, Menschen zu vermissen; Alleinsein heißt, sich selbst zu genügen. So wird vom scharfzüngigen George Bernard Shaw ein schöner Ausspruch berichtet: Auf einer jener langweiligen Cocktail-Parties, auf denen viel geredet, aber nichts gesagt wird, fragte man ihn: „Amüsieren Sie sich gut?" Worauf er erwiderte: „Das ist das einzige, was mich hier amüsiert."

Zusammensein mit anderen ist nur dann schön, wenn man ihnen nicht versklavt ist. Eine Gemeinschaft kann sich nicht aus Sklaven zusammensetzen, das heißt aus Leuten, die verlangen, daß andere

Leute sie glücklich machen. In einer wirklichen Gemeinschaft gibt es keinen Bettlerhut, kein Anklammern, keine Angst, kein Bangen, keinen Katzenjammer, kein Besitzdenken, keine Ansprüche. Freie Menschen bilden eine Gemeinschaft, nicht Sklaven: eine einfache Wahrheit, die aber von einer ganzen Kultur übertönt wurde, die religiöse Kultur inbegriffen.

## *Ein anderer kann nicht für dich trinken*
## *oder*
## *Selbst ist der Mensch*

## *Trink für mich*

*Sagt man zu einem Könner:*
*„Ich bin dumm, bitte denk für mich“,*
*ist es, als wolle man sagen:*
*„Ich bin durstig, bitte, trink für mich.“*

## *Halt dich an mich*

*Buddha sagt: „Mönche und Gelehrte sollten meine Worte nicht aus einem bloßen Gefühl der Verehrung akzeptieren, sondern sollten sie analysieren, wie ein Goldschmied Gold untersucht, indem er es schneidet, schmilzt, daran kratzt und es reibt.“*

Ein großer Mann zu einem kleinen Jungen, der im Kino hinter ihm sitzt: „Kannst du die Leinwand sehen, Kleiner?"

„Nein."

„Macht nichts. Blick nur auf mich, und lache jedesmal, wenn ich lache."

## *Auf der falschen Seite*

Onkel Joe war übers Wochenende zu Besuch gekommen. Klein Jimmy war überglücklich, daß sein großer Held sein Zimmer und sein Bett teilen würde.

Kaum war das Licht gelöscht, fiel Jimmy etwas ein. „O je", rief er, „beinahe hätte ich was vergessen."

Er sprang aus dem Bett und kniete sich daneben hin. Da er dem Bürschlein kein schlechtes Beispiel geben wollte, hievte sich Onkel Joe aus dem Bett und kniete auf der anderen Seite nieder.

„Du", flüsterte Jimmy erschrocken. „Wenn Mama das morgen sieht, bist du dran! Der Nachttopf ist auf dieser Seite."

## *Wer bist du?*

Eine Frau lag im Koma. Plötzlich hatte sie das Gefühl, sie käme in den Himmel und stände vor dem Richterstuhl.

„Wer bist du?" fragte eine Stimme.

„Ich bin die Frau des Bürgermeisters", erwiderte sie.

„Ich habe nicht gefragt, wessen Ehefrau du bist, sondern wer du bist."

„Ich bin die Mutter von vier Kindern."

„Ich habe nicht gefragt, wessen Mutter du bist, sondern wer du bist."

„Ich bin Lehrerin."

„Ich habe nicht nach deinem Beruf gefragt, sondern wer du bist."

Und so ging es weiter. Alles, was sie erwiderte, schien keine befriedigende Antwort auf die Frage zu sein: „Wer bist du?"

„Ich bin eine Christin."

„Ich fragte nicht, welcher Religion du angehörst, sondern wer du bist."

„Ich bin die, die jeden Tag in die Kirche ging und immer den Armen und Hilfsbedürftigen half."

„Ich fragte nicht, was du tatest, sondern wer du bist."

Offensichtlich bestand sie die Prüfung nicht, denn sie wurde zurück auf die Erde geschickt. Als sie wieder gesund war, beschloß sie, herauszufinden, wer sie war. Und darin lag der ganze Unterschied.

*Deine Pflicht ist es, zu sein. Nicht irgend jemand, nicht ein Niemand – denn darin liegt Habgier und Ehrgeiz –, nicht dies oder jenes zu sein – und dadurch abhängig zu werden –, sondern einfach zu sein.*

## Leben lernen

Als der Sohn eines Einbrechers merkte, daß sein Vater alt wurde, sagte er: „Vater, lehre mich dein Handwerk, damit ich die Familientradition fortsetzen kann, wenn du in den Ruhestand trittst."

Der Vater antwortete nicht, nahm aber in der Nacht den Jungen mit, als er in ein Haus einbrach. Als sie drinnen waren, öffnete er einen Wandschrank und ließ seinen Sohn nachgucken, was sich im Schrank befand. Sobald der Junge drin war, schlug der Vater die Tür zu, verriegelte sie und machte dabei einen solchen Lärm, daß das ganze Haus aufwachte. Dann schlich er sich still davon.

Der eingeschlossene Junge war erschrocken und wütend und zerbrach sich den Kopf, wie er herauskommen könnte. Dann hatte er eine Idee. Er ahmte den Laut einer Katze nach, darauf entzündete ein

Diener eine Kerze und öffnete den Schrank, um die Katze herauszulassen. Im gleichen Augenblick sprang der Junge heraus, und alle rannten hinter ihm her. Da sah er neben der Straße einen Brunnen, ergriff einen großen Stein, warf ihn hinein und versteckte sich im Dunkeln. Dann schlich er sich davon, während seine Verfolger in die Tiefe des Brunnens starrten in der Hoffnung, daß der Einbrecher dort ertrunken war.

Zu Hause angekommen, vergaß der Junge seinen Ärger vor lauter Eifer, seine Geschichte zu erzählen. Aber sein Vater sagte: „Wozu die Geschichte? Du bist hier. Das genügt. Du hast das Handwerk gelernt."

*Erziehung sollte keine Vorbereitung auf das Leben sein, sondern das Leben selbst.*

## *Ganz der Vater*

Als der junge Rabbi seinem Vater nachfolgte, fing jeder davon an, wie ganz anders er sei.

„Im Gegenteil", antwortete der junge Mann, „ich bin genau wie mein alter Herr. Er ahmte niemanden nach. Ich ahme niemanden nach."

*Sei du selbst!*
*Hüte dich, das Verhalten der Großen nachzuahmen,*
*wenn du nicht die innere Einstellung hast,*
*die ihr Handeln inspirierte.*

## *Wo bin ich?*

Es war einmal ein Mann, der war sehr dumm. Jeden Morgen, wenn er aufwachte, fiel es ihm so schwer, seine Kleidung wiederzufinden, daß er beinahe Angst hatte, ins Bett zu gehen, bei dem Gedanken, welche Mühe er beim Aufwachen haben würde.

Eines Nachts ergriff er Bleistift und Schreibblock und schrieb genau die Bezeichnung jedes Kleidungsstückes auf, das er auszog, und die Stelle, wohin er es legte. Am nächsten Morgen zog er seinen Block heraus und las: „Hosen" – da waren sie, er zog sie an. „Hemd", da war es, er zog es sich über den Kopf. „Hut", da war er, er stülpte ihn sich auf den Kopf.

Darüber war er sehr erfreut, bis ihm ein schrecklicher Gedanke kam. „Und ich – wo bin ich?" Das hatte er vergessen, aufzuschreiben. Also suchte und suchte er, aber vergebens. Er konnte sich selbst nicht finden.

*Wie steht's mit denen, die sagen:*
*„Ich lese dieses Buch, um zu erfahren, wer ich bin"?*

## *Großvaters Anzüge*

Ich meine, du solltest dich etwas mehr danach kleiden, wie es deiner Stellung entspricht. Es ist mir peinlich, daß du dich so gehen läßt und so schäbig aussiehst."

„Aber ich sehe doch nicht schäbig aus."

„Doch, das tust du. Nimm deinen Großvater. Er

war immer elegant angezogen. Seine Anzüge waren teuer und von einem guten Schneider."

„Jetzt verstehe ich dich wirklich nicht mehr! Ich trage doch Großvaters Anzüge."

## *Schubladen*

Schubladen und Etiketten sind sehr wichtig für uns. „Ich bin Sozialdemokrat", sagen wir. Doch sind Sie es wirklich? Sie wollen doch nicht sagen, daß Sie, wenn Sie die Partei wechseln, ein neues „Ich" besitzen. Ist es nicht dasselbe „Ich" mit neuen politischen Überzeugungen?

Ich erinnere mich an einen Mann, der seinen Freund fragte: „Wirst du sozialdemokratisch wählen?"

Der Freund antwortete: „Nein, ich werde für die Christdemokraten stimmen. Mein Vater war Christdemokrat, mein Großvater war Christdemokrat und mein Urgroßvater war schon Christdemokrat."

Darauf erwiderte der Mann: „Eine seltsame Logik! Wenn dein Vater Pferdedieb war, dein Großvater Pferdedieb war, und dein Urgroßvater Pferdedieb war, was wärst du dann?"

„Ach", entgegnete der Freund, „dann wäre ich Sozialdemokrat."

## *Der Arzt weiß es besser*

Der Arzt beugte sich über die leblose Gestalt im Bett. Dann richtete er sich auf und sagte: „Es tut mir leid, aber ich muß Ihnen sagen, Ihr Mann lebt nicht mehr, meine Liebe."

Von der leblosen Gestalt im Bett kam ein schwacher Protest: „Doch, ich lebe noch."

„Halt den Mund", sagte die Frau, „der Arzt weiß das besser als du."

## *Wem glauben?*

Ein Nachbar kam zu Nasrudin und wollte sich dessen Esel borgen.

„Ich habe ihn ausgeliehen", sagte Nasrudin.

In diesem Augenblick begann das Tier im Stall zu schreien.

„Aber ich höre ihn schreien", sagte der Nachbar.

„Wem glaubst du mehr, dem Esel oder mir?"

## *Glück gehabt!*

*Haben Sie je daran gedacht, daß Ihr Guru Ihnen vielleicht die Heilung von einer Krankheit versprechen könnte, die er selbst verursacht hat?*

„Gott sei Dank hatten wir ein Maultier zum Picknick mitgenommen, denn als ein Junge sich verletzte, konnten wir ihn auf dem Maultier zurücktransportieren."

„Wie verletzte er sich?"
„Das Maultier versetzte ihm einen Tritt."

## *Der richtige Arzt*

Könnten Sie mir einen guten Arzt empfehlen?"
„Ich würde Dr. Chung vorschlagen. Er rettete mir das Leben."

„Wie ging das zu?"

„Ich war sehr krank und ging zu Dr. Ching. Ich nahm seine Medizin, und es ging mir noch schlechter. Dann ging ich zu Dr. Chang. Ich nahm seine Medizin und meinte, sterben zu müssen. Schließlich ging ich also zu Dr. Chung – und der war nicht da."

## *Diogenes*

Der Philosoph Diogenes aß zum Abendbrot Linsen. Das sah der Philosoph Aristippos, der ein angenehmes Leben führte, indem er dem König schmeichelte.

Sagte Aristippos: „Wenn du lerntest, dem König gegenüber unterwürfig zu sein, müßtest du nicht von solchem Abfall wie Linsen leben."

Sagte Diogenes: „Wenn du gelernt hättest, mit Linsen auszukommen, brauchtest du nicht dem König zu schmeicheln."

## *Der Papagei hat Husten*

Ein alter Seemann gab das Rauchen auf, als sein Lieblingspapagei einen Dauerhusten entwickelte. Er machte sich Vorwürfe, daß der Pfeifenqualm im Zimmer die Gesundheit des Papageis geschädigt hatte.

Er ging mit dem Vogel zum Tierarzt.

Nach einer gründlichen Untersuchung erklärte der Veterinär, der Papagei leide weder an Psittacose noch an einer Lungenentzündung, sondern habe ganz einfach den Husten seines pfeiferauchenden Herrchens nachgeahmt.

## *Den Ausweis bitte*

Eine Frau bat auf der Bank einen Kassierer, ihren Scheck einzulösen.

Mit Hinweis auf die Bankvorschriften ersuchte der Kassierer sie, sich auszuweisen.

Der Frau verschlug es die Sprache. Schließlich stieß sie hervor: „Aber Jonathan, ich bin deine Mutter!"

*Wenn Sie das komisch finden, wieso erkennen Sie selbst dann nicht den Messias?*

## *Sie denkt, ich bin wirklich*

Eine Familie ließ sich zum Essen in einem Restaurant nieder. Die Kellnerin nahm zunächst die Bestellungen der Erwachsenen auf und wandte sich dann dem Siebenjährigen zu.

„Was möchtest du essen?" fragte sie.

Der Junge blickte schüchtern in die Runde und sagte dann: „Ich möchte gern einen Hot Dog."

Noch bevor die Kellnerin die Bestellung aufschreiben konnte, unterbrach die Mutter. „Keine Hot Dogs", sagte sie, „bringen Sie ihm ein Steak mit Kartoffelbrei und Karotten."

Die Kellnerin überhörte sie. „Möchtest du Ketchup oder Senf auf deinem Hot Dog?" fragte sie den Jungen.

„Ketchup."

„In einer Minute bekommst du ihn", sagte die Bedienung und ging zur Küche.

Alle schwiegen fassungslos, als sie weg war. Schließlich sah der Junge die Anwesenden an und sagte: „Wißt ihr was? Sie denkt, ich bin wirklich!"

*„Wie geht es Ihren Kindern?"*
*„Beiden geht es gut, danke."*
*„Wie alt sind sie?"*
*„Der Arzt ist drei und der Rechtsanwalt fünf."*

## *Neurotisch*

Klein Mary war mit ihrer Mutter am Strand. „Mammi, darf ich im Sand spielen?"

„Nein, Liebling, da machst du dir nur dein hübsches Kleid schmutzig."

„Darf ich im Wasser waten?"

„Nein, da wirst du bloß naß und erkältest dich."

„Darf ich mit den anderen Kindern spielen?"

„Nein, da finde ich dich nicht wieder."

„Mammi, kauf mir ein Eis."

„Nein, das ist nicht gut für deinen Hals."

Klein Mary begann zu weinen.

Die Mutter wandte sich zu einer Frau in der Nähe und sagte: „Du lieber Himmel! Haben Sie schon einmal so ein neurotisches Kind gesehen?"

## *Der Umhang*

Eine Frau kam einmal zu Rabbi Israel und erzählte ihm ihren geheimen Kummer. Sie war nun zwanzig Jahre verheiratet und hatte noch keinen Sohn geboren. „Welch ein Zufall!" sagte der Rabbi. „Genauso ging es meiner Mutter." Und er erzählte die folgende Geschichte:

In zwanzig Jahren hatte seine Mutter kein Kind geboren. Eines Tages hörte sie, der heilige Baal Shem Tov sei in der Stadt. Sie eilte in das Haus, in dem er sich aufhielt, und bat ihn, er möge für sie beten, daß sie einen Sohn bekäme.

„Was willst du dafür tun?" fragte der heilige Mann.

„Was kann ich tun?" erwiderte sie. „Mein Mann ist ein armer Bibliothekar, aber ich besitze doch etwas, was ich dem Rabbi geben kann."

Sie stürzte nach Hause, zog eine Katinka aus der Truhe, in der diese sorgfältig weggepackt worden war, und lief zurück, um sie dem Rabbi zu übergeben.

Nun ist die Katinka, wie man weiß, ein Cape, das die Braut an ihrem Hochzeitstag trägt, ein kostbares Erbstück, das von einer Generation zur anderen weitergereicht wird. Als die Frau zurückkam, war der Rabbi schon zur nächsten Stadt weitergegangen, also ging sie ihm nach. Da sie arm war, mußte sie die ganze Strecke zu Fuß gehen, und als sie dort ankam, war der Rabbi schon weitergezogen. Sechs Wochen lang folgte sie ihm von Stadt zu Stadt, bis sie ihn endlich einholte. Der Rabbi nahm die Katinka und gab sie weiter an die Synagoge.

Rabbi Israel schloß seine Geschichte: „Meine Mutter ging den ganzen Weg nach Hause zurück. Ein Jahr später wurde ich geboren."

„Welch ein Zufall", rief die Frau. „Ich habe auch eine Katinka zu Hause. Ich werde sie Euch sofort bringen, und wenn Ihr sie weitergebt an die Synagoge, wird Gott mir einen Sohn schenken."

„O nein, meine Liebe", sagte der Rabbi traurig, „so geht das nicht. Da ist ein großer Unterschied zwischen meiner Mutter und dir. Du hast jetzt ihre Geschichte gehört; sie hatte keine Geschichte, an die sie sich halten konnte."

*Wenn ein Heiliger eine Leiter benutzt hat,*
*wird sie weggeworfen*
*und kann nie wieder gebraucht werden.*

## *Wer sind Sie?*

Kennen Sie die Geschichte vom Rechtsanwalt, dem der Klempner eine Rechnung ausstellte? Er sagte zum Klempner: „Also hören Sie mal, Sie verlangen 200 Mark für die Stunde. Soviel verdiene ich ja als Rechtsanwalt nicht." Darauf antwortete der Klempner: „Als ich noch Rechtsanwalt war, habe ich das auch nicht verdient!"

Ob man Klempner, Rechtsanwalt, Geschäftsmann oder Priester ist, berührt das eigentliche „Ich" nicht. Wenn ich morgen meinen Beruf wechseln würde, wäre das so, als wechselte ich meinen Anzug. Ich selbst bleibe derselbe. *Sind* Sie Ihre Kleider? *Sind* Sie Ihr Name? *Sind* Sie Ihr Beruf? Hören Sie auf, sich mit alldem zu identifizieren. Das alles kann von heute auf morgen anders sein.

Wenn Sie das wirklich begriffen haben, kann Sie keine Kritik mehr treffen. Keine Schmeichelei, kein Lob wird Sie mehr rühren. Wenn Ihnen jemand sagt: „Sie sind ein toller Kerl", von was spricht er dann?

## *Schon wieder Käsebrote!*

*Nicht-Erleuchtete erkennen nicht, daß sie selbst die Ursache all ihrer Sorgen sind.*

In der Fabrik war Mittagspause, und ein Arbeiter öffnete trübselig sein Lunchpaket. „Ach nein", sagte er laut, „schon wieder Käsebrote."

So ging es zwei-, drei-, viermal hintereinander. Dann sagte ein Kollege, der das Gebrumme des Mannes gehört hatte: „Wenn du Käsebrote so sehr haßt, warum sagst du dann nicht deiner Frau, sie solle dir andere Schnitten machen?"

„Weil ich nicht verheiratet bin. Ich mache mir diese Brote selbst."

## *Zu sich selbst finden*

Die großen Lehrmeister sagen uns, daß die wichtigste Frage der Welt sei: „Wer bin ich?" Oder vielleicht auch: „Was ist das ‚Ich'?" Was ist das überhaupt, was man das „Ich" oder das „Selbst" nennt? Meinen Sie etwa, Sie hätten sonst alles verstanden, nur das nicht? Meinen Sie, Sie haben die Astronomie samt ihren schwarzen Löchern und Quasaren verstanden, kennen sich mit Computern aus und wissen nicht, wer Sie sind? Dann schlafen Sie ja immer noch. Sie sind ein schlafender Gelehrter.

Meinen Sie, Sie haben verstanden, wer Jesus Christus ist, und wissen nicht, wer Sie selbst sind? Woher wollen Sie denn wissen, daß Sie Jesus Christus verstanden haben? Wer ist denn derjenige, der etwas versteht? Finden Sie das erst einmal heraus. Das ist die Grundlage von allem. Weil wir uns darüber nicht im klaren sind, gibt es immer noch all diese engstirnigen religiösen Leute, die ihre sinnlosen religiösen Kriege führen – Moslems gegen Juden, Protestanten gegen Katholiken und so weiter. Sie wissen nicht, wer sie sind, denn wenn sie es wüßten, gäbe es keine Kriege. So wie ein kleines Mädchen einen kleinen Jungen fragte: „Bist du Presbyterianer?" Darauf antwortete der Junge: „Nein, wir haben eine andere Konfrontation."

## *Der Jude von Belfast*

Das „Ich" ist etwas anderes und mehr als der Körper. Sie können sagen, daß der Körper ein Teil des „Ichs" ist, jedoch ein Teil, der sich verändert. Er entwickelt sich, verändert sich ständig. Wir haben zwar denselben Namen für ihn, aber er verändert sich. So wie wir die Niagarafälle immer gleich nennen, obwohl sie aus immer anderem Wasser bestehen. Wir benutzen denselben Namen für eine sich dauernd verändernde Wirklichkeit.

Und wie ist es mit meinem Namen? Bin „Ich" mein Name? Offenbar nicht, denn ich kann meinen Namen ändern, aber das „Ich" bleibt. Und meine Karriere? Meine Überzeugungen? Ich sage zwar, daß ich Katholik bin, oder Jude – ist das ein wesentlicher Bestandteil des „Ich"? Wenn ich zu einer anderen Religion konvertiere, verändert sich dabei das „Ich"? Mit anderen Worten: ist mein Name ein wesentlicher Bestandteil von mir, vom „Ich"? Ist meine Religion ein wesentlicher Teil des „Ich"?

Mir fällt dazu eine Geschichte ein: Paddy schlendert gerade durch die Straßen von Belfast, als ihm plötzlich jemand eine Pistole ins Genick drückte und ins Ohr zischte: „Bist du Protestant oder Katholik?" Paddy mußte sich schnell etwas einfallen lassen. Also antwortete er: „Ich bin Jude." Darauf hörte er hinter sich sagen: „Ich muß der glücklichste Araber in ganz Belfast sein."

## *Die Wurzel des Leidens*

Die Schüler führten eine hitzige Diskussion über die Ursache menschlichen Leidens.

Einige sagten, Selbstsucht sei die Ursache, andere Selbsttäuschung, wieder andere Unfähigkeit, das Wirkliche vom Unwirklichen zu unterscheiden.

Als der Meister gefragt wurde, sagte er: „Alles Leiden kommt von der Unfähigkeit des Menschen, still zu sitzen und allein zu sein."

## *Klarsicht*

Was ist Liebe? Liebe ist Empfindsamkeit, Liebe ist Wahrnehmungsfähigkeit. Um dies mit einem Beispiel zu verdeutlichen: Ich höre eine Sinfonie. Aber wenn alles, was ich höre, nur die Pauken sind, höre ich nicht die Sinfonie.

Was ist ein liebendes Herz? Ein liebendes Herz ist

dem ganzen Leben gegenüber empfindsam, allen Menschen gegenüber; ein liebendes Herz verschließt sich vor nichts und niemandem. Aber in dem Augenblick, da Sie in meinem Sinn des Wortes abhängig werden, blockieren Sie vieles andere. Sie haben nur noch Augen für das, woran Ihr Herz hängt; Sie haben nur noch Ohren für die Pauken, das Herz ist verhärtet, ja es ist verblendet, denn es sieht das Objekt seiner Abhängigkeit nicht mehr objektiv. Liebe heißt ungetrübte Wahrnehmung, Objektivität; es gibt nichts, was so klarsichtig wäre wie die Liebe.

## *Wirklichkeit*

Man muß alles loslassen. Es ist wohlgemerkt kein physischer Verzicht, das wäre ja einfach. Wenn Ihre Illusionen schwinden, kommen Sie schließlich zur Wirklichkeit; und Sie können mir glauben: Sie werden nie mehr einsam sein, nie mehr. Einsamkeit läßt sich nicht durch menschliche Gesellschaft beseitigen. Einsamkeit wird durch Nähe zur Wirklichkeit aufgehoben. Dazu ließe sich noch viel sagen. Nähe zur Wirklichkeit, Illusionen aufgeben, zum Wirklichen kommen. Was auch immer es sei, es hat keinen Namen.

## Eine Puppe aus Salz

Eine Puppe aus Salz reiste Tausende von Meilen über Land, bis sie schließlich ans Meer kam.

Sie war fasziniert von dieser seltsamen, sich bewegenden Wassermasse, die ganz anders war als alles, was sie bisher gesehen hatte.

„Wer bist du?" fragte die Salzpuppe das Meer.

Lächelnd erwiderte dieses: „Komm herein und sieh selbst."

Also watete die Puppe in die See. Je weiter sie hineinging, desto mehr löste sie sich auf, bis nur noch sehr wenig von ihr übrig war. Ehe der letzte Rest verging, rief die Puppe verwundert: „Nun weiß ich, wer ich bin!"

# *Nur keine Aufregung*
# *oder*
# *Wie man der Angst standhalten kann*

## Angst

Das war also Ihr erster Flug. Hatten Sie Angst?"
„Ehrlich gesagt, ich wagte nicht, mich mit meinem ganzen Gewicht hinzusetzen."

## Ein starkes Getränk

Auf einer Party in Japan wurde einem Besucher ein beliebtes japanisches Getränk angeboten. Nach dem ersten Glas merkte er, wie die Möbel im Zimmer schwankten.

„Das ist aber ein starkes Getränk", sagte er zu seinem Gastgeber.

„Gar nicht so besonders", erwiderte dieser, „wir haben bloß gerade ein Erdbeben."

## Sterblichkeit

Einem Schüler, der um Weisheit bat, sagte der Meister: „Versuch folgendes: schließ die Augen und stell dir vor, du und alle Lebewesen werden in einen Abgrund geschleudert. Jedesmal, wenn du dich an etwas klammerst, um nicht zu fallen, mach dir klar, daß es gleichfalls fällt ..."

Der Schüler versuchte es und war nie mehr derselbe.

## *Befreiung*

Wie soll ich Befreiung erlangen?"

„Finde heraus, wer dich festgehalten hat", sagte der Meister.

Nach einer Woche kehrte der Schüler zurück und sagte: „Niemand hat mich festgehalten."

„Warum möchtest du dann befreit werden?"

Für den Schüler war das ein Augenblick der Erleuchtung. Plötzlich wurde er frei.

## *Das sichere Fundament*

Ich sehne mich nach einem festen Grund, einem sicheren Fundament für mein Leben."

„Sieh es doch so an", sagte der Meister. „Was ist der feste Grund für den Zugvogel, der Kontinente überquert? Was ist das sichere Fundament für den Fisch, der vom Fluß in das Meer getragen wird?"

## *Elefant und Floh*

Ein Floh beschloß, mit seiner Familie in ein Elefantenohr umzuziehen. Also rief er: „Mr. Elefant, Sir, meine Familie und ich haben vor, in Ihr Ohr zu ziehen. Ich finde es fair, Ihnen eine Woche Bedenkzeit zu geben und es mich wissen zu lassen, wenn Sie etwas dagegen haben."

Der Elefant, der von der Existenz des Flohs noch nicht einmal etwas gemerkt hatte, trottete gemächlich weiter, so daß der Floh nach einer Woche gewissenhaften Wartens die Einwilligung des Elefanten voraussetzte und einzog.

Einen Monat später fand Frau Floh, daß das Elefantenohr kein gesunder Wohnort war, und drängte ihren Mann, wieder auszuziehen. Herr Floh bat sie, doch wenigstens noch einen Monat länger zu bleiben, um nicht die Gefühle des Elefanten zu verletzen.

Schließlich formulierte er es so taktvoll wie möglich: „Mr. Elefant, Sir, wir haben vor, ein anderes Quartier zu beziehen. Das hat natürlich mit Ihnen überhaupt nichts zu tun, denn Ihr Ohr ist geräumig und warm. Es geht nur darum, daß meine Frau lieber in der Nähe ihrer Freunde im Büffelfuß wohnen möchte. Sollten Sie etwas gegen unseren Umzug einzuwenden haben, so lassen Sie mich doch das bitte im Verlauf der nächsten Woche wissen."

Der Elefant sagte nichts, und so zogen Flohs mit reinem Gewissen um.

*Das Universum weiß nichts von deiner Existenz! Also bitte keine Aufregung!*

## *Der Traum von toten Söhnen*

Ein armer Fischer und seine Frau bekamen schließlich nach vielen Ehejahren einen Sohn. Der Junge war der Stolz und die Freude seiner Eltern. Dann wurde er eines Tages schwer krank. Ein Vermögen wurde für Ärzte und Medikamente ausgegeben. Aber der Junge starb.

Seine Mutter war gramgebeugt. In des Vaters Augen war keine Träne. Als die Frau ihm nach dem Begräbnis vorwarf, er verspüre wohl überhaupt keine Trauer, sagte der Fischer: „Ich werde dir sagen, warum ich nicht weinte. Letzte Nacht träumte ich, ich sei ein König und stolzer Vater von acht Söhnen. Wie glücklich war ich! Dann wachte ich auf. Nun bin ich völlig verwirrt: soll ich um diese acht Söhne weinen oder um diesen einen?"

## *Versicherung*

Eine Frau, die über den Tod ihres Sohnes verzweifelt war, kam zum Meister, um getröstet zu werden.

Er hörte geduldig zu, als sie ihm ihr Leid klagte.

Dann sagte er sanft: „Ich kann deine Tränen nicht trocknen, meine Liebe. Ich kann dich nur lehren, wie du sie heiligen kannst."

## *Der Schmetterling*

Nur wer Angst vor dem Leben hat, hat auch Angst vor dem Tod. Nur wer tot ist, fürchtet den Tod. Doch wer lebt, fürchtet ihn nicht.

Ein amerikanischer Schriftsteller schrieb dazu sehr treffend: Das Erwachen ist der Tod Ihres Glaubens an Ungerechtigkeit und Tragik. Was für eine Raupe das Ende der Welt bedeutet, ist ein Schmetterling für den Meister. Tod ist Auferstehung.

## *Vor uns der Tod*

Ich habe schon bei mancher Gelegenheit gesagt, daß der Weg zu wirklichem Leben Sterben ist. Eine Hinführung zum Leben ist, sich vorzustellen, man läge im eigenen Grab: Sie sehen sich darin liegen, in der Haltung, die Ihnen am besten erscheint. In Indien setzt man die Toten mit gekreuzten Beinen hin. Oft trägt man sie so zur Verbrennung, oft werden sie aber auch hingelegt. Stellen Sie sich also vor, Sie liegen ausgestreckt im Sarg und sind tot. Aus dieser Perspektive betrachten Sie nun Ihre Probleme. Alles sieht auf einmal ganz anders aus, oder?

Das ist eine schöne Meditation, die Sie jeden Tag, wenn Sie die Zeit haben, machen sollten. Es ist unglaublich, aber Sie werden lebendig werden.

## *Friedhofsbesuch*

Wenn Sie einen Friedhof besuchen, ist es eine überaus läuternde und tiefe Erfahrung. Sie entdecken einen Namen und sagen sich: „Ach, vor so langer Zeit hat er gelebt, vor zwei Jahrhunderten! Ihn müssen dieselben Probleme geplagt haben wie mich, er muß manch schlaflose Nacht gehabt haben. Es ist seltsam, wir leben nur so kurze Zeit."

Ein italienischer Dichter sagte: „Wir leben in einem kurzen Aufblitzen von Licht; der Abend kommt, und es ist für immer Nacht." Es ist nur ein Aufblitzen, und wir nutzen es nicht. Wir vertun es mit unserer Furcht, unseren Sorgen, unseren Bedenken, unseren Belastungen.

## *Der Meister und die Wölfe*

Im Dorf wurden in der Nähe von Meister Shojus Tempel Wölfe gesichtet. Daher ging Shoju eine Woche lang jede Nacht auf den Dorffriedhof und ließ sich dort zur Meditation nieder. Damit wurden die nächtlichen Angriffe der Wölfe beendet.

Die Dorfbewohner waren begeistert. Sie baten, ihnen die geheimen Riten zu offenbaren, die er vorgenommen hatte, damit sie in Zukunft das gleiche tun könnten.

Sagte Shoju: „Es bedurfte keiner geheimen Riten. Während ich in Meditation saß, versammelte sich eine Anzahl Wölfe um mich. Sie leckten meine Nasenspitze und schnupperten an meiner Kehle. Aber weil ich in rechter innerer Ruhe verharrte, wurde ich nicht gebissen."

## *Der Tod wartet in Samarra*

Ein Kaufmann in Bagdad schickte seinen Diener mit einem Auftrag zum Basar. Der Mann kam blaß und zitternd vor Angst zurück.

„Herr", sagte er, „auf dem Markt traf ich einen Fremden. Als ich ihm ins Gesicht blickte, sah ich, daß es der Tod war. Er wies mit einer drohenden Gebärde auf mich und ging davon. Nun habe ich Angst. Bitte gebt mir ein Pferd, daß ich sofort nach Samarra reiten kann, um mich möglichst weit vom Tod zu entfernen."

Der Kaufmann war besorgt um den Mann und gab ihm sein schnellstes Roß. Der Diener saß auf und war im Handumdrehen verschwunden.

Später ging der Kaufmann selbst auf den Basar und sah den Tod in der Menge herumlungern. Er ging zu ihm hin und sagte: „Du hast heute morgen vor meinem armen Diener eine drohende Gebärde gemacht. Was sollte das bedeuten?"

„Das war keine drohende Gebärde, Sir", sagte der Tod. „Es war nur ein erstauntes Zusammenfahren, weil ich ihn hier in Bagdad traf."

„Warum sollte er nicht in Bagdad sein? Hier wohnt er doch."

„Nun, mir hatte man zu verstehen gegeben, daß ich ihn heute abend in Samarra treffen würde."

*Die meisten Menschen haben solche Angst zu sterben, daß sie ganz darauf gerichtet sind, den Tod zu vermeiden und dabei nie richtig leben.*

## *Leichter gemacht*

Ein Schüler mußte rasch wieder heim, als ihn die Nachricht erreichte, daß sein Haus abgebrannt war.

Er war ein alter Mann, und alle bedauerten ihn. Alles, was der Meister ihm sagte, war: „Es wird das Sterben leichter machen."

## Wirklichkeit

Obgleich der Meister das Leben zu genießen und voll auszuschöpfen schien, wußte man doch, daß er auch großes Risiko nicht scheute. So, wenn er die Tyrannei der Regierung verurteilte und damit Verhaftung und Tod herausforderte. Oder wenn er mit einer Gruppe seiner Schüler in einem pestverseuchten Dorf Hilfe leistete.

„Die Weisen kennen keine Todesangst“, pflegte er zu sagen.

„Warum sollte ein Mensch sein Leben so leichtfertig aufs Spiel setzen?“ wurde er einmal gefragt.

„Warum berührt es einen Menschen so wenig, wenn eine Kerze nach Tagesanbruch verlöscht?“

## Wer hat schon das Glück?

Diese Geschichte erinnerte die Schüler an den Pessimisten, der sagte: „Das Leben ist schrecklich, es wäre besser gewesen, nicht geboren worden zu sein.“

„Ja“, erwiderte der Meister mit einem Funkeln in seinen Augen, „aber wie viele haben diese Art von Glück? Einer unter zehntausend vielleicht.“

## *Trugbilder*

Was ist die Ursache des Bösen?"
„Unwissenheit", sagte der Meister.
„Und wie wird sie beseitigt?"
„Nicht durch Anstrengung, sondern durch Licht; durch Verstehen, nicht durch Handeln."
Und nach einer Weile fügte der Meister hinzu: „Das Zeichen des Erleuchtetseins ist Friede – du hörst auf zu fliehen, sobald du erkennst, daß du nur von den Trugbildern verfolgt wirst, die deine Ängste erfunden haben."

# *Sogar die Sehnsucht ist Fessel*
# *oder*
# *Menschsein ist schon Leistung genug*

## *Wie ein Spiegel*

Das Herz des Erleuchteten ist wie ein Spiegel;
er hält nichts fest, weist nichts zurück,
er empfängt, aber behält nichts für sich.

## *Nichts ändern*

Hören Sie ruhig damit auf, die Wirklichkeit ändern zu wollen. Hören Sie damit auf, andere ändern zu wollen. Wir verwenden unsere ganze Zeit und Kraft auf den Versuch, äußere Umstände verändern zu wollen; unsere Ehefrauen, Chefs, Freunde, Feinde – eben die anderen – umzukrempeln. Wir müssen nichts ändern. Die negativen Gefühle gibt es nur in Ihnen. Niemand auf der Welt hat die Macht, Sie unglücklich zu machen. Es gibt nichts auf der Welt, das die Macht besäße, Ihnen zu schaden oder Sie zu verletzen: kein Ereignis, keine Umstände, keine Situation, auch kein anderer Mensch. Aber niemand hat es Ihnen gesagt; vielmehr erzählte man Ihnen das Gegenteil. Deswegen haben Sie jetzt diese Probleme; deswegen schlafen Sie. Man hat Sie über diese Selbstverständlichkeit im unklaren gelassen.

*Sogar die Sehnsucht nach Freiheit ist eine Fessel.*
*Niemand ist wirklich frei,*
*der sich um seine Freiheit sorgt.*
*Nur die Zufriedenen sind frei.*

## *Abstand*

Vor der Erleuchtung war ich immer niedergeschlagen: nach der Erleuchtung – bin ich immer noch niedergeschlagen." Dennoch besteht ein großer Unterschied: ich identifiziere mich nicht mehr damit. Können Sie ahnen, wie groß dieser Unterschied ist?

Sie nehmen Abstand und betrachten Ihre Niedergeschlagenheit, identifizieren sich nicht mit ihr. Sie unternehmen nichts, um sie zu vertreiben; Sie sind durchaus bereit weiterzuleben, während sie vorübergeht und verschwindet. Wenn Sie nicht wissen, was das heißt, haben Sie wirklich etwas, worauf Sie sich freuen können. Und die Angst? Sie kommt, und es beunruhigt Sie nicht. Ist es nicht seltsam? Sie haben Angst, aber keine Probleme.

Ist das nicht paradox? Sie sind bereit, diese dunkle Wolke herankommen zu lassen, denn je mehr Sie gegen sie ankämpfen, desto mehr Kraft flößen Sie ihr ein. Sie sind bereit, sie zu beobachten, wie sie vorüberzieht. Sie können in Ihrer Angst glücklich sein. Ist das nicht merkwürdig? Sie können in Ihrer Niedergeschlagenheit glücklich sein. Aber Sie dürfen keine falsche Vorstellung vom Glück haben. Meinten Sie, Glück sei Spannung oder Nervenkitzel? Hierin liegen die Ursachen für Ihre Niedergeschlagenheit. Hat Ihnen das noch niemand gesagt? Schön und gut, Sie mögen Ihren Nervenkitzel haben, sind dabei aber schon auf dem Weg zur nächsten Phase der Niedergeschlagenheit. Sie haben Ihren Nervenkitzel, begreifen aber die Angst, die dahintersteckt:

Wie kann ich das zum Dauerzustand machen? Das ist kein Glück, das ist Sucht.

Möchten Sie glücklich sein? Ununterbrochenes Glück hat keine Ursache. Wahres Glück hat keine Ursache. Sie können mich nicht glücklich machen. Sie sind nicht mein Glück. Wenn Sie jemanden, der erwacht ist, fragen: „Warum sind Sie glücklich?", wird er antworten: „Warum nicht?"

Glück ist unser natürlicher Zustand. Glück ist der natürliche Zustand kleiner Kinder, ihnen gehört das Königreich, bis die Dummheit der Gesellschaft und Kultur sie angesteckt und verdorben hat. Um das Glück zu erlangen, müssen Sie gar nichts tun, denn das Glück kann man nicht erlangen. Wissen Sie auch warum? Weil wir es schon haben. Wie soll man auch etwas erlangen, was man schon besitzt? Aber warum erfahren Sie es dann nicht? Weil Sie zuerst etwas verlieren müssen, und zwar Ihre Illusionen. Sie brauchen nichts Zusätzliches, um glücklich zu sein; im Gegenteil, Sie müssen etwas verlieren. Das Leben ist leicht, das Leben macht Spaß. Es ist nur hart zu Ihren Illusionen, Ambitionen, Ihrer Gier, Ihren Sehnsüchten. Wissen Sie, woher das alles kommt? Daher, daß Sie sich mit allen möglichen Aufklebern identifiziert haben!

## *Nur Perlen*

Zwei Schmuckhändler kamen eines Nachts ungefähr gleichzeitig in einer Karawanserei in der Wüste an. Jeder war sich der Gegenwart des anderen durchaus bewußt, und als der eine sein Kamel ablud, konnte der andere der Versuchung nicht widerstehen, wie zufällig eine große Perle fallen zu lassen. Sie rollte auf den anderen zu, der sie mit gespielter Liebenswürdigkeit aufhob, sie ihrem Eigentümer zurückgab und sagte: „Ihr habt hier eine wunderschöne Perle, Sir. Groß und schimmernd wie wenige."

„Wie reizend Ihr das sagt", erwiderte der andere. „Tatsächlich ist sie eine der kleineren aus meiner Kollektion."

Ein Beduine, der am Feuer saß, hatte dieses Schauspiel beobachtet. Er erhob sich und lud die beiden ein, mit ihm zu essen. Als sie ihr Mahl begannen, erzählte er folgende Geschichte:

„Auch ich, meine Freunde, war einmal Schmuckhändler wie Ihr. Eines Tages geriet ich in der Wüste in einen großen Sturm. Meine Karawane und ich wurden hin und her getrieben, bis ich mein Gefolge verloren und mich verirrt hatte. Tage vergingen, und von panischer Angst ergriffen, merkte ich, daß ich im Kreis herumgewandert und kein Gefühl mehr hatte, wo ich war und welche Richtung ich einschlagen sollte.

Als ich fast verhungert war, lud ich alles Gepäck von meinem Kamel ab und durchwühlte es wohl zum hundertsten Mal. Stellt euch meine Aufregung vor, als ich einen Beutel fand, den ich zuvor übersehen hatte. Mit zitternden Fingern riß ich ihn auf in der Hoffnung, etwas Eßbares zu finden. Ihr werdet meine Enttäuschung verstehen, als ich sah, daß er nur Perlen enthielt."

## *Auf der Durchreise*

Ein vom Äußeren her streng und unnachsichtig wirkender Sufi erschien vor den Toren des Palastes. Niemand wagte ihn aufzuhalten, als er geradewegs auf den Thron zuschritt, den der heiligmäßige Ibrahim ben Adam innehatte.

„Was wünschst du?" fragte der König.

„Einen Platz, um in dieser Karawanserei zu schlafen."

„Das ist keine Karawanserei. Das ist mein Palast."

„Darf ich fragen, wem dieser Ort vor Euch gehörte?"

„Meinem Vater. Er ist tot."

„Und wem gehörte er vor diesem?"

„Meinem Großvater. Er ist auch tot."

„Und dieser Ort, den Menschen eine kurze Weile bewohnen und dann weiterziehen – sagtet Ihr wirklich, er sei keine Karawanserei?"

## *Der Himmel und die Krähe*

Eine Geschichte der Bhagawata Purana:
Eine Krähe erhob sich einst in den Himmel mit einem Stück Fleisch im Schnabel. Zwanzig Krähen flogen auf, sie zu verfolgen, und griffen sie erbittert an.

Schließlich ließ die Krähe das Stück Fleisch fallen. Darauf ließen die Verfolger von ihr ab und flogen kreischend dem Stück Fleisch nach.

Sagte die Krähe: „Jetzt ist es friedlich hier oben. Der ganze Himmel gehört mir."

Sagte ein Zen-Mönch:

„Als mein Haus abbrannte, behinderte nichts meine Sicht auf den nächtlichen Mond."

## *Wer kann den Mond stehlen?*

Der Zen-Meister Ryokan lebte sehr bescheiden in einer kleinen Hütte am Fuß der Berge. Eines Nachts, als der Meister fort war, brach ein Dieb in die Hütte ein, nur um festzustellen, daß nichts zu stehlen war.

Ryokan kam zurück und erwischte ihn. „Du hast dir viel Mühe gemacht, mich zu besuchen", sagte er zu dem Einbrecher. „Du sollst nicht mit leeren Händen davongehen. Bitte nimm meine Kleider und die Decke als Geschenk."

Der Dieb nahm höchst verwirrt die Kleider und trollte sich. Ryokan setzte sich hin, nackt wie er war, und beobachtete den Mond. „Armer Kerl", dachte er bei sich, „ich wünschte, ich könnte ihm den wunderbaren Mondschein geben."

## *Warum nicht schon jetzt?*

König Pyrrhus von Epirus wurde von seinem Freund Cyneas gefragt: „Wenn Ihr Rom erobert, was werdet Ihr dann als nächstes unternehmen?"

Pyrrhus erwiderte: „Sizilien liegt ganz in der Nähe und wird leicht zu erobern sein."

„Und was werden wir tun, wenn Sizilien genommen ist?"

„Dann werden wir nach Afrika übersetzen und Karthago plündern."

„Und nach Karthago?"

„Dann kommt Griechenland an die Reihe."

„Und, wenn ich fragen darf, was wird am Ende all dieser Eroberungen stehen?"

„Dann", erwiderte Pyrrhus, „können wir uns in Ruhe des Lebens freuen."

„Könnten wir das nicht schon jetzt tun", sagte Cyneas.

*Die Armen denken, sie werden glücklich,*
*wenn sie reich geworden sind.*
*Die Reichen denken, sie werden glücklich,*
*wenn sie ihre Gebrechen los sind.*

## *Und die Bescheidenheit?*

Ein alter Rabbi lag krank im Bett. Neben seinem Lager führten seine Schüler flüsternd eine Unterhaltung. Sie priesen seine beispiellosen Tugenden.

„Seit Salomos Zeiten gab es niemand, der weiser wäre als er", sagte einer von ihnen. „Und sein Glauben! Er gleicht dem unseres Vaters Abraham", sagte ein anderer. „Seine Geduld ähnelt der Hiobs", sagte ein dritter. „Nur in Moses finden wir jemand, der so vertraut mit Gott verkehrte wie er", sagte ein vierter.

Der Rabbi schien keine Ruhe zu finden. Als die Schüler gegangen waren, sagte seine Frau: „Hast du gehört, wie sie dein Lob gesungen haben?"

„In der Tat", erwiderte der Rabbi.

„Warum bist du dann so mürrisch?" fragte sie.

„Meine Bescheidenheit", klagte der Rabbi, „keiner erwähnte meine Bescheidenheit."

*Der war wirklich ein Heiliger, der sagte:*
*„Ich bin nur vier leere Wände um einen leeren Raum."*
*Niemand könnte erfüllter sein.*

## *Reichtum*

*Andere mögen nach Reichtum streben,*
*Erleuchtete sind reich,*
*denn sie sind zufrieden mit dem, was sie haben,*
*besitzen es, ohne zu streben.*
*Da sie mit wenigem zufrieden sind,*
*sind sie reich wie Könige.*

*Ein König ist arm,*
*wenn sein Königreich ihm nicht genügt.*

## *Wirklich ganz zufrieden?*

Ein Quäker stellte auf ein Stück unbebauten Landes neben seinem Haus folgendes Schild auf: Dieses Land soll dem gehören, der wirklich zufrieden ist.

Ein reicher Farmer ritt vorbei, hielt an, las das Schild und sagte sich: „Da unser Freund, der Quäker, offensichtlich bereit ist, sich von dem Stück Land zu trennen, könnte ich mich darum bemühen, ehe es jemand anderer tut. Ich bin ein reicher Mann und habe alles, was ich brauche, deshalb gehöre ich durchaus zu den in Frage kommenden Bewerbern."

Also ging er hin und erklärte, was er wollte. „Und Ihr seid wirklich ganz zufrieden?" fragte der Quäker.

„Ja, denn ich habe, was ich brauche."

„Freund", erwiderte der Quäker, „wenn Ihr zufrieden seid, warm wollt Ihr dann das Land?"

## *Wenn Gott lacht*

Der indische Mystiker Ramakrishna pflegte zu sagen: Gott lacht bei zwei Gelegenheiten. Er lacht, wenn er einen Arzt zu einer Mutter sagen hört: „Haben Sie keine Angst. Ich werde den Jungen gesund machen." Gott sagt sich dann: „Ich habe vor, dem Jungen das Leben zu nehmen, und dieser Mann denkt, er könne es retten!"

Er lacht auch, wenn er sieht, wie zwei Brüder ihr Land unter sich aufteilen, indem sie eine Grenzlinie ziehen und sagen: „Diese Seite gehört mir und die andere dir." Er sagt sich dann: „Das Universum gehört mir, und diese beiden behaupten, Teile davon gehörten ihnen!"

*Als ein Mann erfuhr,*
*sein Haus sei von der Flut weggerissen worden,*
*lachte er und sagte:*
*„Unmöglich! Ich habe den Hausschlüssel hier in meiner Tasche."*

## *Selbst du gehörst dir nicht*

Und Buddha sagte:
„Dieses Land ist mein, diese Söhne sind mein" – so spricht ein Narr, der nicht begreift, daß er selbst sich nicht gehört.

*Man besitzt nie etwas wirklich.*
*Nur eine Zeitlang bewahrt man es auf.*
*Ist man nicht fähig, es wegzugeben,*
*wird man selbst festgehalten.*

Was immer man sammelt,
muß sein wie Wasser in der hohlen Hand.

Greift man zu,
läuft es weg.

Willst du es besitzen,
beschmutzt du es.
Läßt du es los,
ist es für immer dein.

## *Sokrates auf dem Marktplatz*

Als echter Philosoph, der er war, glaubte Sokrates, ein weiser Mensch würde instinktiv ein einfaches Leben führen. Er selbst pflegte noch nicht einmal Schuhe zu tragen. Und doch fühlte er sich immer wieder vom Marktplatz angezogen und besuchte ihn oft, um die dort angebotenen Waren zu betrachten.

Als einer seiner Freunde ihn fragte, warum er das täte, sagte Sokrates: „Ich gehe gerne hin, um festzustellen, wie viele Dinge es gibt, ohne die ich phantastisch auskomme."

*Spiritualität bedeutet nicht,*
*zu wissen, was man braucht,*
*sondern einzusehen, was man nicht braucht.*

## *Der beste Tee*

Eine Gruppe älterer Herren in Japan traf sich regelmäßig, um Neuigkeiten auszutauschen und Tee zu trinken. Es machte ihnen Spaß, teure Teesorten ausfindig zu machen und neue Mischungen zu kreieren, die ihrem Gaumen schmeichelten.

Als das älteste Mitglied der Gruppe an der Reihe war, die anderen zu bewirten, servierte er den Tee mit der ausgesuchtesten Zeremonie und verteilte die Teeblätter aus einem goldenen Gefäß. Jedermann war des höchsten Lobes voll und wollte wissen, wie er diese hervorragende Mischung zusammengestellt hatte.

Der alte Mann lächelte und sagte: „Meine Herren, den Tee, den Sie so köstlich finden, trinken die Bauern auf meiner Farm. Die besten Dinge im Leben sind weder teuer noch schwer zu finden."

## *Genau dort*

Der Guru saß in Meditation versunken am Ufer des Flusses, als ein Schüler ihm zwei große Perlen als Zeichen der Verehrung und Ergebenheit vor die Füße legte.

Der Guru öffnete die Augen, hob eine der Perlen auf und hielt sie so nachlässig in der Hand, daß sie herausrutschte und die Böschung hinunter in den Fluß rollte.

Der entsetzte Schüler tauchte sofort nach der Perle, aber obwohl er es bis spät in den Abend hinein immer wieder versuchte, hatte er kein Glück.

Schließlich weckte er den Guru aus seiner Meditation, naß und erschöpft wie er war, und sagte: „Ihr habt die Perle fallen sehen. Zeigt mir genau, wo, dann kann ich sie für Euch wiederfinden."

Der Guru hob die zweite Perle auf, warf sie in den Fluß und sagte: „Genau dort."

*Versucht nicht, Dinge zu besitzen,*
*denn sie können nie wirklich besessen werden.*
*Achtet nur darauf,*
*nicht von ihnen in Besitz genommen zu werden,*
*dann seid ihr der Herr der Schöpfung.*

## *Wie die Schuhe erfunden wurden*

Ein großer und törichter König beklagte sich, daß der unebene Boden seinen Füßen Schmerz bereite, also befahl er, das ganze Land mit Kuhhäuten auszulegen.

Der Hofnarr lachte, als der König ihm von seinem Befehl erzählte. „Was für eine total verrückte Idee, Euer Majestät!" rief er, „warum diese unnütze Ausgabe? Laßt Euch einfach zwei kleine Flecken Kuhhaut zurechtschneiden, um Eure Füße zu schützen!"

Das tat der König, und damit waren die Schuhe erfunden.

*Erleuchtete wissen, nicht die Welt muß verändert werden,*
*um den Schmerz zu verbannen, sondern dein Herz.*

## *Änderung*

Einem Schüler, der sich ständig über andere beklagte, sagte der Meister: „Wenn du wirklich Frieden haben willst, versuche, dich selbst zu ändern, nicht die anderen. Es ist einfacher, deine Füße mit Hausschuhen zu schützen, als die ganze Erde mit Teppichen auszulegen."

## Ausdehnung

Der Meister hörte mit gespannter Aufmerksamkeit zu, als der berühmte Wirtschaftswissenschaftler seinen Entwurf einer künftigen Entwicklung erläuterte.

„Sollte Wachstum der einzige Gesichtspunkt in einer Wirtschaftstheorie sein?" fragte er.

„Ja. Jedes Wachstum ist gut in sich."

„Denken nicht Krebszellen genau so?" sagte der Meister.

## Genügsamkeit

Wie kann ich ein großer Mensch werden – wie Ihr?"

„Warum ein großer Mensch sein?" sagte der Meister. „Mensch sein ist schon Leistung genug."

## Durstig

Der Hauptgrund, warum viele Leute unglücklich sind, ist darin zu suchen, daß sie eine verkehrte Befriedigung aus ihren Leiden gewinnen", sagte der Meister.

Dann erzählte er, wie er einmal auf einer Bahnfahrt im oberen Bett eines Liegewagens die Nacht verbrachte. Es war ihm unmöglich einzuschlafen, da von unten her ständig ein Stöhnen zu hören war: „Ach, bin ich durstig ... ach, bin ich durstig ...!"

Das Stöhnen wollte kein Ende nehmen. Da kletterte der Meister schließlich die Leiter hinunter, ging durch den ganzen Zug zum Speisewagen, kaufte zwei Becher Bier, ging den langen Weg zu seinem Abteil zurück und reichte die beiden Becher dem geplagten Mitreisenden.

„Hier ist etwas zu trinken!"

„Wunderbar, Gott sei Dank!"

Der Meister stieg die Leiter hoch und streckte sich wieder aus. Kaum hatte er die Augen geschlossen, hörte er es von unten her stöhnen: „Ach Gott, *war* ich durstig ... oh, *war* ich durstig!"

## *Unzufrieden*

Der Meister erzählte von dem Hotelbesitzer, der sich bitter über die Folgen beklagte, die der Bau einer neuen Schnellstraße für sein Geschäft mit sich gebracht hatte.

„Hör mal zu", sagte ihm ein Freund. „Ich kann dich einfach nicht verstehen. Jeden Abend sehe ich das Schild ‚Besetzt' vor deinem Hotel."

„Danach kannst du nicht gehen. Bevor die Schnellstraße gebaut wurde, mußte ich jeden Tag dreißig bis vierzig Leute fortschicken. Jetzt schicke ich nie mehr als fünfundzwanzig weg."

Fügte der Meister hinzu: „Wenn du entschlossen

bist, negativ zu empfinden, sind sogar nichtexistierende Kunden wirkliche Kunden."

## *Noch mehr*

Der Meister erzählte einmal von einem Nachbarn auf dem Land, der geradezu darauf versessen war, immer neues Weideland zu kaufen.

„Ich wünschte mir, ich hätte mehr Land", sagte er eines Tages.

„Wozu denn?" fragte der Meister. „Hast du nicht schon genug?"

„Hätte ich mehr Land, könnte ich mehr Rinder züchten."

„Und was würdest du mit ihnen tun?"

„Verkaufen und Geld verdienen."

„Wofür?"

„Um mehr Land zu kaufen und viele Kühe zu züchten."

## *Sich schlecht fühlen*

Der Meister behauptete, daß der Hauptgrund für das Unglück in der Welt auf die geheime Befriedigung der Menschen zurückzuführen ist, sich schlecht zu fühlen.

Er erzählte von einem Freund, der zu seiner Frau sagte:

„Warum läßt du nicht alles stehen und liegen und machst dir einen schönen Tag, meine Liebe?"

„Ach, du weißt doch genau, mein Lieber, daß ich mich niemals dabei wohl fühlen würde, mir einfach einen schönen Tag zu machen", gab sie gereizt zur Antwort.

## *Ein Mädchen*

Wie erlangt man das Glück?"

„Durch Erlernen, mit allem, was man erhält, zufrieden zu sein."

„Dann kann man sich nie etwas wünschen?"

„Doch, man kann", sagte der Meister, „vorausgesetzt, man tut dies in der Einstellung jenes ängstlichen Vaters, den ich einmal in einer Entbindungsstation traf. Als die Hebamme sagte: ‚Sie haben sich bestimmt einen Jungen gewünscht, es ist aber ein Mädchen', erwiderte der Mann: ‚Ach, das macht wirklich nichts, denn ich habe mir ein Mädchen gewünscht, falls es kein Junge ist.'"

## *Ein besseres Programm*

Der Meister lehrte: Ein Grund dafür, warum viele so unglücklich sind, ist in deren Meinung zu suchen, daß es nichts gebe, was sie nicht ändern könnten.

Und er erzählte gern die Geschichte von dem Mann, der zu dem Radiohändler sagte: „Dieser Transistor, den Sie mir verkauft haben, hat zwar eine ausgezeichnete Tonqualität, doch möchte ich ihn gegen einen anderen tauschen, der ein besseres Programm bietet."

## *Spiegelung*

Warum ist hier jeder glücklich außer mir?"
„Weil sie gelernt haben, überall Güte und Schönheit zu sehen", sagte der Meister.

„Warum sehe ich nicht überall Güte und Schönheit?"

„Weil du draußen nicht etwas sehen kannst, was du in deinem Inneren nicht siehst."

## *Reichtum*

Wie könnte Spiritualität einem Weltmann wie mir helfen?" fragte der Geschäftsmann.

„Sie wird dir helfen, mehr zu haben", sagte der Meister.

„Wie?"

„Indem sie dich lehrt, weniger zu erstreben."

## *Glückseligkeit*

Der glücklose Börsenmakler verlor sein Vermögen und kam in das Kloster, um inneren Frieden zu finden. Aber er war zu verzweifelt, um zu meditieren.

Nachdem er gegangen war, sagte der Meister einen einzigen Satz als trockenen Kommentar: „Diejenigen, die auf dem Fußboden schlafen, fallen nie aus ihren Betten."

## *Jedes Ergebnis*

Der Meister zitierte einmal den berühmten Satz aus der „Bhagavadgita", in dem der Herr den Jünger anspornt, sich in die Schlacht zu stürzen und ein ruhiges Herz zu Füßen der Lotosblume des Herrn zu bewahren.

Ein Schüler fragte: „Wie kann ich das erreichen?"

Sagte der Meister: „Entschließe dich dazu, mit *jedem* Ergebnis deiner Anstrengungen zufrieden zu sein."

## *Fortschritt*

Der Meister klagte über die Übel des Konkurrenzkampfes.

„Holen Wettbewerb und Konkurrenzkampf nicht das Beste aus uns heraus?" fragte jemand.

„Sie holen das Schlimmste heraus, denn sie lehren dich das Hassen."

„Was hassen?"

„*Dich selbst* – denn du läßt zu, daß deine Aktivität von deinem Konkurrenten bestimmt wird und nicht von deinen Erfordernissen und Grenzen. *Andere* – denn du versuchst, auf ihre Kosten vorwärtszukommen."

„Das hieße dann aber, alle Veränderung und allen Fortschritt zu Grabe zu tragen", erhob einer Widerspruch.

Sagte der Meister: „Der einzige Fortschritt, den es gibt, ist der Fortschritt der Liebe. Die einzige Veränderung, die wert ist, erstrebt zu werden, ist die Veränderung des Herzens."

## *Erkenntnis*

Was brachte Euch die Erleuchtung?"

„Freude."

„Und was ist Freude?"

„Die Erkenntnis, daß alles zu verlieren nichts weiter bedeutet, als ein Spielzeug verloren zu haben."

# *Blätter fallen, auch wenn der Wind nachläßt oder Das Geheimnis der Gelassenheit*

## Kooperation

Was ist das Geheimnis deiner Ruhe und Gelassenheit?" fragten die Schüler.

Sagte der Meister: „Aus dem Herzen kommendes, uneingeschränktes Kooperieren mit dem Unvermeidlichen."

## Gelassenheit

Gibt es Wege, die eigene geistige Stärke zu messen?"

„Viele."

„Nennt uns einen."

„Findet heraus, wie oft ihr euch im Laufe eines einzigen Tages aufregt."

## Veränderung

Der zu Besuch weilende Gelehrte war bereit zu kritischer Auseinandersetzung.

„Verändern unsere Bemühungen nicht den Lauf der menschlichen Geschichte?" fragte er.

„O ja, das tun sie", sagte der Meister.

„Und hat nicht menschliche Arbeit die Erde verändert?"

„Ganz sicher hat sie das", sagte der Meister.

„Warum lehrt Ihr dann, daß menschliches Mühen nur wenig bewirkt?"

Sagte der Meister: „Weil die Blätter doch fallen, auch wenn der Wind nachläßt."

## *Nichts erzwingen*

Angenommen, Sie müßten in eine weit entfernte Stadt reisen. Unterwegs hat Ihr Auto eine Panne. Nun, das Auto ist kaputt. Also krempeln wir die Ärmel hoch und fangen an zu schieben. Wir schieben, schieben und schieben, bis wir diese ferne Stadt erreichen. „Gut", sagen wir, „wir haben es geschafft." Und dann schieben wir das Auto weiter, den ganzen Weg zur nächsten Stadt! Dort sagen wir: „Wir sind doch angekommen, oder nicht?"

Aber nennen Sie das Leben? Wissen Sie, was Sie brauchen? Sie brauchen einen Fachmann, einen Mechaniker, der einmal die Motorhaube öffnet und die Zündkerzen überprüft. Sie drehen den Zündschlüssel, und der Motor läuft. Sie brauchen den Fachmann – Sie brauchen Verständnis, Einsicht, Bewußtsein – kein Schieben und Erzwingen, Sie brauchen keine Anstrengung.

Deswegen sind die Menschen so müde und erschöpft. Sie und ich wurden dazu erzogen, mit uns selbst unzufrieden zu sein. Daher rührt das Übel – psychologisch gesehen. Wir sind immer unzufrieden, unbefriedigt, wir wollen immer alles erzwingen. Mach weiter, strenge dich noch mehr an, und noch mehr.

## *Bis ich oben bin …*

Als der Meister gefragt wurde, ob es ihn denn nicht entmutige, daß all seine Mühe anscheinend kaum Früchte trug, erzählte er die Geschichte von einer Schnecke, die an einem kalten, stürmischen Tag im späten Frühjahr aufbrach, um den Stamm eines Kirschbaums emporzuklettern.

Die Spatzen auf dem Nachbarbaum lachten über ihr Unterfangen. Da flog ein Spatz auf die Schnecke zu und piepste sie an:

„He, du Dummkopf, siehst du nicht, daß auf dem Baum keine Kirschen sind?"

Der Winzling ließ sich nicht aufhalten und sagte: „Macht nichts, bis ich oben bin, sind welche dran."

## *Gleichgültig*

Dem Meister schien es völlig gleichgültig zu sein, was die Menschen von ihm dachten. Als die Schüler fragten, wie er diese Stufe innerer Freiheit erreicht habe, lachte er laut und sagte: „Bis ich zwanzig war, kümmerte es mich nicht, was die Leute von mir dachten. Nach meinem zwanzigsten Lebensjahr fragte ich mich ständig, was wohl meine Nachbarn von mir hielten. Als ich dann einen Tag älter als fünfzig war, erkannte ich plötzlich, daß sie kaum je überhaupt an mich dachten."

## *Selbstgerechtigkeit*

Der Meister liebte das gewöhnliche Volk und mißtraute denen, die wegen ihrer Heiligkeit auffielen.

Einem Schüler, der seine Meinung über das Heiraten wissen wollte, sagte er: „Paß auf, daß du keine Heilige heiratest."

„Warum denn nicht?"

„Weil das der sicherste Weg ist, dich zu einem Märtyrer zu machen", lautete des Meisters fröhliche Antwort.

## *Wechselfälle*

Warum hebst du in deinen Predigten den Wert des Leidens so stark hervor?" fragte der Meister.

„Weil es uns gegenüber den Wechselfällen des Lebens abhärtet", antwortete der Prediger.

Darauf sagte der Meister nichts.

Später fragte ein Schüler: „Gegenüber was genau härtet uns das Leiden ab?"

„Vermutlich gegenüber mehr Leiden", entgegnete der Meister lächelnd.

## *Süß oder bitter*

Härtet Leiden einen Menschen nicht ab?" „Was zählt, ist nicht das Leiden, sondern die Disposition des einzelnen, denn Leiden kann süß oder bitter machen, genauso wie das Feuer des Töpfers den Lehm verkohlen oder hart machen kann."

## *Nicht tun, sondern lassen*

In der „Bhagavadgita", dem heiligen Buch der Hindus, sagt Krishna zu Arjuna: „Stürze dich in die Hitze der Schlacht und lege dein Herz zu den Lotosfüßen des Herrn." Ein wunderbarer Satz.

Um das Glück zu erlangen, müssen Sie gar nichts tun. Von Meister Eckhart stammt das schöne Wort: „Gott läßt sich nicht dadurch erreichen, daß man seiner Seele etwas hinzufügt, sondern indem man etwas abzieht." Sie tun nichts, um frei zu sein, sondern lassen etwas. Dann sind Sie frei.

Das erinnert mich an die Geschichte von einem irischen Gefangenen, der einen Tunnel unter der Gefängnismauer ins Freie gegraben hatte, durch den er entkommen konnte. Mitten auf einem Schulhof, auf dem kleine Kinder spielten, kroch er aus dem Tunnel ans Tageslicht. Übermütig sprang er umher und rief: „Ich bin frei, ich bin frei!" Ein kleines Mädchen schaute ihn verächtlich an und sagte: „Das ist doch gar nichts. Ich bin vier."

## *Mit dem ganzen Sein*

Was mich bedrückt, ist die völlige Mittelmäßigkeit meines Daseins. Ich habe in meinem Leben nicht eine einzige wichtige Tat vollbracht, von der die Welt Notiz nehmen könnte."

„Du irrst dich, wenn du glaubst, daß es die Beachtung durch die Welt ist, was einer Tat Bedeutung verleiht", erwiderte der Meister. Eine lange Pause trat ein.

„Ja, dann habe ich gar nichts getan, um auch nur einen einzigen zum Guten oder zum Schlechten zu beeinflussen."

„Du irrst dich, wenn du glaubst, daß es an der Einflußnahme auf andere liegt, was einer Tat Bedeutung verleiht."

„Ja, was verleiht denn einer Tat Bedeutung?"

„Sie um ihrer selbst willen mit seinem ganzen Sein tun. Dann ist es uneigennütziges, gott-ähnliches Handeln."

## *So schnell geht es*

Der Meister wurde gefragt, was er von den Errungenschaften der modernen Technik halte. Seine Antwort war:

Einem zerstreuten Professor fiel in letzter Minute ein, daß er eine Vorlesung halten mußte. Er sprang in ein Taxi und rief: „Los, fahren Sie, so schnell Sie können!"

Als das Taxi in voller Fahrt war, merkte der Professor, daß er dem Fahrer gar nicht das Ziel angegeben hatte. „Wissen Sie denn, wohin ich möchte?" rief er ihm zu.

„Nein, mein Herr", sagte der Taxifahrer, „aber ich fahre, so schnell ich kann."

## *Gesucht und gefunden*

Der große Konfuzius sagte: „Wer dauerhaftes Glück will, muß sich stets verändern." Fließen Sie. Aber wir schauen immer wieder zurück, nicht wahr? Wir klammern uns an Vergangenheit und Gegenwart. „Wer seine Hand an den Pflug legt, darf nicht zurückschauen." Möchten Sie eine Melodie oder eine Sinfonie hören, dann geben Sie sich doch nicht mit ein paar Takten zufrieden! Machen Sie doch nicht nach ein paar Noten Schluß! Lassen Sie sie weiterklingen und weiterfließen. Der volle Genuß einer Sinfonie liegt in Ihrer Bereitschaft, alle Töne klingen und vorbeiströmen zu lassen. Wenn Sie jedoch eine bestimmte Stelle ganz besonders schön finden würden und das Orchester bäten: „Bitte, spielt nur diese Stelle!", dann wäre das keine Sinfonie mehr.

Kennen Sie die folgende Geschichte von Nasrudin?

Eines Tages zupfte Nasrudin auf einer Gitarre, spielte dabei aber immer denselben Ton. Nach einer Weile versammelte sich eine Menge Leute um ihn (das Ganze trug sich auf dem Marktplatz zu). Da fragte einer der Männer, die ihm zuhörten: „Du spielst ja einen schönen Ton, Mullah, aber warum nimmst du nicht ein paar andere dazu, wie die anderen Musiker?" – „Diese Narren", antwortete Nasrudin, „sie *suchen* den richtigen Ton, ich habe ihn *gefunden.*"

## *Schöne Erfahrungen*

Schöne Erfahrungen machen das Leben zur Freude. Schmerzliche Erfahrungen führen zu Wachstum. Angenehme Erfahrungen machen das Leben zwar zur Freude, doch müssen sie nicht zwangsläufig zu Wachstum führen. Schmerzliche Erfahrungen jedoch können es. Schmerz und Leid verweisen auf einen Bereich in Ihnen, in dem Sie noch nicht gewachsen sind, in dem Sie noch wachsen und sich verändern müssen. Wenn Sie es verstehen würden, von Schmerz und Leid zu profitieren, wie sehr könnten Sie daran wachsen!

Beschränken wir uns zunächst auf psychisches Leid, auf all diese negativen Gefühle in uns. Verschwenden Sie Ihre Zeit nicht dadurch, daß Sie sich mit nur einem einzigen dieser Gefühle befassen. Wozu sie Ihnen dienen können, sagte ich bereits. Achten Sie einmal auf Ihre Enttäuschung, wenn etwas nicht so klappt, wie Sie es sich vorgestellt haben. Denken Sie darüber nach, was dies über Sie aussagt. Ich sage das, ohne irgendwie urteilen zu wollen (sonst hätten Sie auch noch mit Selbsthaß zu kämpfen). Beobachten Sie, als würden Sie einen anderen beobachten. Betrachten Sie Ihre Enttäuschung, Ihre

Niedergeschlagenheit, wenn Sie kritisiert werden. Was sagt das aus über Sie?

Haben Sie schon von jenem Mann gehört, der sagte: „Wer will behaupten, daß Sorgen nicht helfen? Ganz bestimmt helfen sie. Immer wenn ich mir über etwas Sorgen mache, trifft es bestimmt nicht ein!" *Ihm* haben sie gewiß geholfen.

Oder wie ein anderer sagte: „Ein Neurotiker ist jemand, der sich über etwas Sorgen macht, das in der Vergangenheit nicht geschehen ist. Anders als wir normalen Menschen, die sich über etwas Sorgen machen, das in Zukunft nicht geschehen wird!" Das ist genau der Punkt.

## *Wer weiß?*

Im alten Indien verurteilte ein König einen Mann zum Tode.

Der Mann bat den König, das Urteil aufzuheben, und fügte hinzu: „Wenn der König gnädig ist und mein Leben schont, werde ich seinem Pferd innerhalb eines Jahres das Fliegen beibringen."

„Es sei", sagte der König, „aber wenn das Pferd in dieser Zeit nicht fliegen lernt, wirst du dein Leben verlieren."

Als seine Familie voll Sorge den Mann später fragte, wie er sein Versprechen einlösen wolle, sagte er: „Im Lauf eines Jahres kann der König sterben. Oder das Pferd kann sterben, oder es kann fliegen lernen. Wer weiß das schon?"

## Schweigen

Sagte der Meister:
„Als du noch im Mutterleib warst,
hast du geschwiegen.
Dann wurdest du geboren
und fingst an zu sprechen, sprechen, sprechen –
bis der Tag kommt, da man dich ins Grab legt.
Dann wirst du wieder still sein.

Fange dieses Schweigen ein,
das im Mutterleib war
und im Grab sein wird
und selbst jetzt dieses Intervall von Lärm
unterläuft, das Leben heißt.
Dieses Schweigen ist dein tiefstes Wesen."

## Die Weisheit entdecken

Einer der berühmtesten Weisen im alten Indien war Svetaketu.

Und so wurde er weise: als er erst sieben Jahre alt war, wurde er von seinem Vater zum Studium der Veden fortgeschickt. Durch Fleiß und Intelligenz übertraf der Junge alle seine Mitschüler, bis er schließlich als der größte lebende Experte der Heiligen Schriften galt, und zwar schon in jungen Jahren.

Als er zurückkam, wollte sein Vater das Wissen seines Sohnes auf die Probe stellen. Und er stellte ihm folgende Frage: „Hast du gelernt, daß durch Lernen jedes weitere Lernen überflüssig wird? Hast du entdeckt, daß durch das Entdecken jedes Leid aufhört? Hast du das gemeistert, was nicht gelehrt werden kann?"

„Nein", sagte Svetaketu.

„Dann ist alles, was du in diesen Jahren gelernt hast, wertlos, mein Sohn", sagte der Vater.

Svetaketu war von der Wahrheit der väterlichen Worte so beeindruckt, daß er aufbrach, um durch Schweigen die Weisheit zu entdecken, die in Worten nicht ausgedrückt werden kann.

## *An uns liegt es*

Ein Wanderer: „Wie wird das Wetter heute?" Der Schäfer: „So, wie ich es gerne habe."

„Woher wißt Ihr, daß das Wetter so sein wird, wie Ihr es liebt?"

„Ich habe die Erfahrung gemacht, mein Freund, daß ich nicht immer das bekommen kann, was ich gerne möchte. Also habe ich gelernt, immer das zu mögen, was ich bekomme. Deshalb bin ich ganz sicher: das Wetter wird heute so sein, wie ich es mag."

*Was immer geschieht,*
*an uns liegt es,*
*Glück oder Unglück darin zu sehen.*

## Schwierigkeiten

Jemand sagte einmal: „Die drei schwierigsten Dinge für einen Menschen sind nicht körperliche Glanzleistungen oder intellektuelle Meisterstücke, sondern erstens: Haß mit Liebe zu vergelten; zweitens: das Ausgeschlossene mit einzuschließen, drittens: zuzugeben, daß man unrecht hatte."

Manche Leute betrachten die Bewußtheit als einen hochgelegenen Punkt, ein Plateau, jenseits der unmittelbaren Erfahrung eines jeden Augenblicks. Das macht die Bewußtheit zu einem Ziel. Doch wahre Bewußtheit sucht nichts, wohin man gehen, nichts, was man erreichen sollte. Wie kommen wir zu dieser Bewußtheit? Durch Bewußtheit.

Wenn manche sagen, sie wollten wirklich jeden Moment erfahren, meinen sie schon Bewußtheit, ausgenommen dieses „wollen". Man kann Bewußtheit nicht erfahren wollen; sie tritt ein oder tritt nicht ein.

# *Das Glück ist ein Schmetterling oder Wege zu Achtsamkeit und Erleuchtung*

## *Nach Hause*

Sagte der Fluß zu dem Suchenden:
„Muß man sich wirklich wegen Erleuchtung ereifern?
Gleichgültig, wohin ich mich wende,
bin ich unterwegs nach Hause."

## *Das Geheimnis*

Wenn der Teich austrocknet,
und die Fische auf dem Trockenen liegen,
genügt es nicht, sie mit dem eigenen Atem zu befeuchten
oder mit Speichel zu benetzen,
man muß sie zurückwerfen in den See.
Versucht nicht,
Menschen zu beleben durch Lehrmeinungen,
werft sie zurück in die Wirklichkeit.
Denn das Geheimnis des Lebens
findet man im Leben selbst,
nicht in Lehren über das Leben.

## *Staunen*

Viele fürchten, sie könnten nicht mehr in Gang kommen,
wenn sie erst einmal innehielten,
um staunend einem Gedanken nachzuhängen.

## *Heimkehr*

Es gibt drei Stufen in der geistigen Entwicklung eines Menschen", sagte der Meister. „Die sinnliche, die geistige und die göttliche."

„Was versteht man unter sinnlicher Stufe?" fragten die interessierten Schüler.

„Das ist die Stufe, auf der Bäume als Bäume und Berge als Berge angesehen werden."

„Und die geistige?"

„Auf ihr sieht man tiefer in die Dinge hinein, dann sind Bäume nicht mehr Bäume und Berge nicht länger Berge."

„Und die göttliche?"

„Nun, das ist die Erleuchtung", sagte der Meister mit leisem Lachen, „wenn die Bäume wieder zu Bäumen und Berge wieder zu Bergen werden."

## *Erleuchtung*

Ein junger Mann kam zu einem Meister und fragte: „Wie lange werde ich brauchen, um Erleuchtung zu erlangen?"

Sagte der Meister: „Zehn Jahre."

Der junge Mann war erschrocken. „So lange?" fragte er ungläubig.

Sagte der Meister: „Nein, ich habe mich geirrt. Du wirst zwanzig Jahre brauchen."

Der junge Mann fragte: „Warum habt Ihr die Zeit verdoppelt?"

Sagte der Meister: „Wenn ich es recht überlege,

wird es in deinem Fall wahrscheinlich dreißig Jahre dauern."

*Gewisse Menschen werden nie etwas lernen,*
*weil sie alles zu schnell begreifen.*
*Weisheit ist schließlich kein Bahnhof,*
*an dem man ankommt,*
*sondern eine Art zu reisen.*
*Reist man zu schnell,*
*übersieht man die Landschaft.*
*Genau zu wissen, wohin man will,*
*kann der beste Weg sein, sich zu verirren.*
*Nicht alle, die bummeln, verlaufen sich.*

## *Nicht zu unterscheiden*

*Sie sehen nicht, was da ist, sondern das, was ihnen beigebracht wurde zu sehen.*

Tommy war gerade vom Strand zurückgekommen.
„Waren da noch andere Kinder?" fragte seine Mutter.
„Ja", sagte Tommy.
„Jungen oder Mädchen?"
„Woher soll ich das wissen! Sie hatten nichts an."

## *Eine Gabe*

Was muß ich tun, um erleuchtet zu sein?" fragte der wißbegierige Schüler.

„Die Wirklichkeit so sehen, wie sie ist", erwiderte der Meister.

„Gut, und was muß ich tun, um die Wirklichkeit so zu sehen, wie sie ist?"

Der Meister lächelte und sagte: „Ich habe gute Nachricht und schlechte Nachricht für dich, mein Freund."

„Was ist die schlechte Nachricht?"

„Es gibt nichts, was du tun kannst, um zu sehen – es ist eine Gabe."

„Und was ist die gute Nachricht?"

„Es gibt nichts, was du tun kannst, um zu sehen – es ist eine Gabe."

## *Verpaßte Gelegenheit*

Der alte Mann hatte den größten Teil seines Lebens auf einer Insel verbracht, die als eine der schönsten der Welt galten. Nun war er zurückgekommen, um nach seiner Pensionierung in der Großstadt zu leben. Jemand sagte zu ihm: „Es muß herrlich gewesen sein, so viele Jahre auf einer Insel zu leben, die zu den Wundern dieser Welt gezählt wird."

Der alte Mann dachte ein wenig nach und sagte dann: „Um ehrlich zu sein, wenn ich gewußt hätte, daß sie so berühmt ist, hätte ich sie mir angesehen."

*Menschen sind zum Sehen geboren und brauchen es nicht zu lernen.*
*Sie sollten nur vor Lehren geschützt werden, die sie blind machen.*

## *Die Wüste wird erblühen*

Gewöhnlich versuchen wir, unsere Einsamkeit dadurch zu heilen, daß wir unsere Gefühle von anderen abhängig machen, daß wir Geselligkeit und Lärm suchen. Das ist keine Heilung. Kehren Sie zu den Dingen zurück, kehren Sie zur Natur zurück, gehen Sie in die Berge. Dann werden Sie erfahren, daß Ihr Herz Sie in die weite Wüste der Abgeschiedenheit gebracht hat, wo niemand mehr an Ihrer Seite ist, absolut niemand.

Zuerst wird Ihnen das unerträglich erscheinen. Aber nur deshalb, weil Sie das Alleinsein nicht gewöhnt sind. Wenn Sie es schaffen, dort eine Weile zu bleiben, wird die Wüste mit einemmal in Liebe erblühen. Ihr Herz wird von Freude erfüllt sein und singen. Es wird für immer Frühling sein; die Droge wird verbannt sein: Sie sind frei. Dann werden Sie verstehen, was Freiheit ist, was Liebe ist, was Glück ist, was die Wirklichkeit ist, was die Wahrheit ist, was Gott ist. Sie werden sehen, Sie werden mehr erfahren als Begriffe, Voreingenommenheit, Abhängigkeit und an etwas zu hängen. Können Sie das nachvollziehen?

Ich kann Ihnen dazu noch eine nette Geschichte erzählen: Es war einmal ein Mann, der erfand die Kunst des Feuermachens. Er nahm seine Werkzeuge und wanderte zu einem Stamm im Norden, wo es sehr kalt war, bitterkalt. Dort lehrte er die Menschen, Feuer zu machen. Die Menschen waren auch sehr daran interessiert. Er zeigte ihnen, wozu das Feuer alles gut sein konnte – zum Kochen, zum

Sich-Wärmen und anderem mehr. Sie waren sehr dankbar, daß sie die Kunst des Feuermachens gelernt hatten. Doch bevor sie ihm ihren Dank aussprechen konnten, verschwand er. Ihm lag nicht an ihrer Anerkennung oder ihrem Dank; ihm lag an ihrem Wohlergehen.

So ging er zu einem anderen Stamm, dem er wiederum zeigte, wie nützlich seine Erfindung war. Die Menschen dort interessierte das ebensosehr, ein bißchen zu sehr für den Geschmack ihrer Priester, denen nicht verborgen blieb, daß dieser Mann die Scharen auf Kosten ihrer eigenen Beliebtheit anzog. So beschlossen sie, ihn beiseite zu schaffen. Sie vergifteten ihn, kreuzigten ihn, töteten ihn – wie, ist hier nicht weiter wichtig. Doch die Priester bekamen nun Angst, daß sich die Menschen gegen sie wenden würden. Aber die Priester waren sehr schlau, ja gerissen. Können Sie sich vorstellen, was sie taten? Sie fertigten ein Bild des Mannes und stellten es auf den größten Altar des Tempels, die Werkzeuge zum Feuermachen legten sie vor das Bild. Darauf wurden die Leute angeleitet, das Bild zu verehren und sich vor den Werkzeugen zu verbeugen, was sie auch pflichtbewußt Jahrhunderte hindurch taten. Verehrung und Kult gingen weiter, aber das Feuer gab es nicht mehr.

## Wer bin ich?

Eine Geschichte von Attar aus Neishapur.
Der Verehrer klopfte an die Tür seiner Liebsten.

„Wer klopft?" fragte die Liebste von drinnen.

„Ich bin's", sagte der Liebhaber.

„Dann geh weg. Dieses Haus hat keinen Platz für dich und mich." Der abgewiesene Verehrer ging in die Wüste.

Dort meditierte er monatelang über die Worte der Geliebten. Schließlich kehrte er zurück und klopfte wieder an die Tür.

„Wer klopft?"

„Du bist es."

Und sofort wurde aufgetan.

## Gespür

Monatelang bewarb sich ein Freier erfolglos um ein Mädchen und litt schreckliche Qualen, daß er abgewiesen wurde. Schließlich gab die Liebste nach. „Komm dann und dann dort und dorthin", sagte sie zu ihm.

Endlich saß also der Freier zur festgesetzten Zeit am festgesetzten Ort neben seiner Liebsten. Er griff in die Tasche und zog ein Bündel Liebesbriefe heraus, die er ihr in den letzten Monaten geschrieben hatte. Es waren leidenschaftliche Briefe, die von seinem Schmerz sprachen und von dem brennenden Wunsch, die Wonnen der Liebe und Vereinigung zu kosten. Er begann sie seiner Liebsten vorzulesen. Stunden vergingen, und er las immer weiter.

Schließlich sagte die Frau: „Was bist du doch für ein Narr! Diese Briefe handeln alle von mir und deiner Sehnsucht nach mir. Nun sitze ich doch hier neben dir, und du liest weiter deine dummen Briefe vor."

„Hier sitze ich neben dir", sagte Gott zu seinem eifrigen Anhänger, „und du zerbrichst dir den Kopf weiter über mich, bemühst deine Zunge, um über mich zu reden, und Bücher, um über mich zu lesen. Wann wirst du endlich still und spürst mich?"

## *Wer ist der Blinde?*

Ein junger Mann, blind von Geburt, verliebte sich in ein Mädchen. Alles ging gut, bis ihm ein Freund sagte, daß das Mädchen nicht sehr hübsch war. Von da an verlor er jedes Interesse an ihr. Schlimm genug! Er hatte sie richtig „gesehen", der Freund war blind gewesen.

## *Prüfstein*

Man sagt, nur ein Buch der großen Bibliothek von Alexandria habe den Brand unversehrt überstanden. Es war ein ganz gewöhnliches Buch, langweilig und uninteressant, so daß es für ein paar Pfennige einem armen Mann verkauft wurde, der kaum lesen konnte.

Dieses Buch war aber, wenn auch langweilig und uninteressant, wahrscheinlich das wertvollste Buch der Welt, denn auf der hinteren Innenseite des Schutzumschlages waren in großen klaren Buchstaben ein paar Sätze hingekritzelt, die das Geheimnis des „Prüfsteins" enthielten – eines winzigen Kieselsteines, der alles, mit dem er in Berührung kam, in pures Gold verwandelte.

Aus diesen Sätzen ging hervor, daß dieser kostbare Kieselstein irgendwo an der Schwarzmeerküste lag unter Tausenden ähnlicher Kieselsteine mit dem einzigen Unterschied, daß dieser sich warm anfühlte, als ob er lebendig wäre, während alle anderen kalt in der Hand lagen. Der Mann freute sich über sein Glück. Er verkaufte alles, was er hatte, borgte sich eine große Summe Geld, die ein Jahr reichen würde, und reiste ans Schwarze Meer, schlug ein Zelt auf und machte sich daran, in mühevoller Arbeit den Prüfstein zu suchen.

Er ging folgendermaßen vor: Er hob einen Kieselstein auf, und wenn er sich kalt anfühlte, warf er ihn nicht etwa zurück, denn dann würde er vielleicht denselben Stein dutzendmal aufheben, nein, er warf ihn ins Meer. Jeden Tag verbrachte er Stunden in seinem geduldigen Bemühen: Stein aufheben, wenn er sich kalt anfühlte, ins Meer werfen; einen anderen aufheben ... und so weiter, unentwegt.

So verbrachte er eine Woche, einen Monat, zehn Monate, ein ganzes Jahr. Dann borgte er sich wieder Geld und hielt auf diese Weise noch einmal zwei Jahre durch. Immer das gleiche: Stein aufheben, befühlen, wenn er kalt war, ins Meer. Stunde um Stunde, Tag um Tag, Woche um Woche – kein Prüfstein war darunter. Eines Abends hob er einen Kieselstein auf, er fühlte sich warm an, und aus purer Gewohnheit warf er ihn zurück ins Schwarze Meer.

## *Bewußt leben*

Ein Hundetrainer versucht, einen Hund zu verstehen, damit er ihm beibringen kann, bestimmte Dinge zu tun. Ein Wissenschaftler beobachtet das Verhalten von Ameisen und will nichts weiter, als eben Ameisen beobachten, um dabei soviel wie möglich über sie zu lernen. Er hat kein anderes Ziel. Er versucht nicht, sie zu dressieren oder irgend etwas anderes mit ihnen anzustellen. Er interessiert sich für Ameisen, er will möglichst viel über sie erfahren. Das ist seine Einstellung. An dem Tag, da Sie diese Einstellung besitzen, werden Sie ein Wunder erleben. Sie werden sich verändern – mühelos und auf die richtige Art und Weise. Die Veränderung wird einfach geschehen, Sie werden nichts dazu tun müssen. Wenn ein Leben des Bewußtwerdens sich über Ihre Dunkelheit breitet, wird alles Böse verschwinden. Das Gute wird hervortreten. Sie werden es an sich selbst erfahren müssen.

Doch dafür bedarf es der Disziplin. Und wenn ich Disziplin sage, meine ich nicht Anstrengung. Ich spreche von etwas anderem. Haben Sie schon einmal Athleten beobachtet? Ihr ganzes Leben ist Sport, doch sie führen ein diszipliniertes Leben. Und betrachten Sie doch einmal einen Fluß, der zum Meer fließt. Er schafft sich seine eigenen Dämme, die ihn wiederum eindämmen. Wenn es etwas in Ihnen gibt, das sich in die richtige Richtung bewegt, schafft es sich seine eigene Disziplin. Der Augenblick, da Sie die Bewußtheit erfaßt, ist großartig! Es ist die wichtigste Sache der Welt. Es gibt nichts Wichtigeres als wach zu werden. Nichts! Natürlich ist es auch auf seine eigene Art und Weise Disziplin.

Es gibt nichts Schöneres als bewußt zu leben. Oder würden Sie lieber in Dunkelheit leben? Würden Sie lieber handeln und sich Ihres Tuns nicht bewußt sein, sprechen und sich Ihrer Worte nicht bewußt sein? Würden Sie lieber Menschen zuhören und sich nicht bewußt sein, was Sie hören, Dinge sehen und sich nicht bewußt sein, was Sie betrachten? Sokrates sagte: „Das unbewußte Leben ist es nicht wert, gelebt zu werden." Eine selbstverständliche Wahrheit. Die meisten Menschen leben nicht bewußt. Sie leben mechanisch, denken mechanisch – im allgemeinen die Gedanken anderer –, fühlen mechanisch, handeln mechanisch, reagieren mechanisch.

Wollen Sie sehen, wie mechanisch Sie wirklich sind? „Oh, tragen Sie aber ein hübsches Hemd." Es tut Ihnen gut, so etwas zu hören. Allein wegen eines Hemdes, nicht zu glauben! Sie sind stolz auf sich, wenn Sie so etwas hören.

Es kommen Menschen in mein Zentrum in Indien und sagen: „Was für ein schöner Ort, diese schönen Räume" (für die ich überhaupt nicht verantwortlich bin), „dieses herrliche Klima!" Und schon fühle ich mich gut, bis ich mich dabei erwische, daß mir das gutgetan hat, und ich mir sage: „He, kannst du dir so etwas Dummes vorstellen?" Ich bin doch nicht für diese Bäume verantwortlich und habe auch nicht diesen Ort ausgesucht, so wenig wie ich das Wetter bestellt habe; es ist einfach so. Aber ich fühle mich angesprochen, also tut es mir gut. Ich bin stolz auf „meine" Kultur und „mein" Volk. Wie dumm kann man noch werden? Wirklich wahr!

Man sagt mir, daß meine große indische Kultur all die Mystiker hervorgebracht hat. Ich habe sie nicht geschaffen, ich bin nicht für sie verantwortlich. Oder man sagt mir: „Ihr Land mit dieser Armut – einfach abstoßend." Ich schäme mich dafür, aber ich habe sie nicht verursacht. Was ist los? Haben Sie halt gemacht, um einmal nachzudenken? Jemand sagt: „Ich finde Sie sehr charmant" – und schon fühle ich mich ausgezeichnet. Ich bekomme einen positiven Impuls (deshalb sagt man „Ich bin okay – du bist okay"). Irgendwann werde ich noch ein Buch schreiben mit dem Titel „Ich bin ein Narr – du bist ein Narr". Das ist die befreiendste und wunderbarste Sache der Welt – zuzugeben, ein Narr zu sein. Wenn mir jemand sagt: „Sie haben unrecht", sage ich: „Was ist von einem Narr schon zu erwarten?"

## *Das Ei*

Nasrudin verdiente seinen Lebensunterhalt, indem er Eier verkaufte. Jemand betrat seinen Laden und sagte: „Rate, was ich in der Hand habe."

„Gib mir einen Tip", sagte Nasrudin.

„Ich werde dir mehrere geben: Es hat die Form eines Eis und die Größe eines Eis. Es sieht aus wie ein Ei, schmeckt wie ein Ei und riecht wie ein Ei. Innen ist es gelb und weiß. Es ist flüssig, ehe es gekocht wird, und wird beim Erhitzen immer fester. Außerdem wurde es von einer Henne gelegt ..."

„Ach, ich weiß", sagte Nasrudin. „Es ist eine Art Kuchen."

Der Fachmann hat ein besonderes Talent, den Wald vor lauter Bäumen nicht zu sehen.

Der Oberpriester hat ein besonderes Talent, den Messias zu übersehen!

## *Entensuppe*

Einst besuchte ein Verwandter Nasrudin und brachte ihm eine Ente als Gastgeschenk. Nasrudin kochte den Vogel, und sie aßen ihn gemeinsam.

Bald folgte ein Gast dem anderen, und jeder behauptete, ein Freund des Freundes des ‚Mannes, der Euch die Ente brachte', zu sein. Natürlich erwartete jeder, wegen dieser Ente beherbergt und beköstigt zu werden.

Schließlich hielt der Mullah es nicht länger aus; als eines Tages wieder ein Fremder zu seinem Haus kam und sagte: „Ich bin ein Freund des Freundes Eures Verwandten, der Euch die Ente brachte", und wie die anderen sich niederließ und wartete, daß ihm aufgetischt werde, stellte Nasrudin eine Schüssel voll dampfenden heißen Wassers vor ihn. „Was ist das?" fragte der Fremde.

„Das", sagte der Mullah, „ist die Suppe aus Entensuppe, die mir mein Freund gebracht hat."

Es wird von Männern erzählt, die Schüler der Schüler der Schüler eines Mannes wurden, der persönlich Gott erfahren hatte.

Es ist unmöglich, einen Kuß durch Boten zu überbringen.

## *Das wirkliche Ziel*

Von einem Meister an der Schule für Bogenschießen wußte man, daß er auch ein Meister des Lebens war.

Eines Tages traf sein begabtester Schüler bei einem Wettkampf dreimal hintereinander ins Schwarze. Schüler und Meister wurden mit Glückwünschen überschüttet.

Der Meister schien jedoch wenig beeindruckt, eher sogar kritisch zu sein.

Als der Schüler ihn später nach dem Grund fragte, sagte er: „Du mußt noch lernen, daß die Zielscheibe nicht das Ziel ist."

„Was *ist* das Ziel?" wollte der Schüler wissen.

Aber der Meister wollte es nicht sagen. Der Schüler würde es selbst eines Tages lernen müssen, denn in Worten konnte man es nicht vermitteln.

*Eines Tages fand er heraus,*
*daß nicht Leistung das Ziel war,*
*sondern eine innere Haltung.*

## *Ein Finger*

Eine religiöse Überzeugung", sagte der Meister, „ist keine Aussage über die Wirklichkeit, sondern nur ein Hinweis, ein Fingerzeig auf etwas, das ein Geheimnis darstellt und jenseits des dem menschlichen Verstand Zugänglichen liegt. Kurz gesagt, eine religiöse Überzeugung ist nur ein Finger, der auf den Mond zeigt.

Manche Leute kommen über das Studium des Fingers nicht hinaus. Andere sind damit beschäftigt, an ihm zu lutschen. Wieder andere gebrauchen den Finger, um sich damit die Augen zuzudrücken. Das sind die frommen Eiferer, die die Religion blind gemacht hat.

Tatsächlich sind diejenigen selten, die den Finger weit genug von sich halten, um zu sehen, worauf er hinweist – es sind jene, die der Blasphemie bezichtigt werden, weil sie über Glaubensüberzeugungen hinausgegangen sind."

## *Begriffen*

Eines Nachts führte der Meister seine Schüler auf das freie Feld unter einem sternenübersäten Himmel. Während er dann zu den Sternen zeigte und dabei die Schüler ansah, sagte er: „Jetzt konzentriere sich jeder auf meinen Finger."

Sie begriffen den Punkt.

## *Der Mond von oben betrachtet*

Wörter (und Begriffe) sind Bezeichnungen, nicht Spiegelungen der Wirklichkeit.

Aber, sagen die östlichen Mystiker,
wenn der Weise auf den Mond zeigt,
sieht der Dummkopf nur den Finger!

## *Schau auf den Mond*

Der Dichter Awhadi aus Kerman saß eines Nachts über ein Gefäß gebeugt vor seiner Tür. Der Sufi Shams aus Täbris kam zufällig vorbei. „Was tust du?" fragte er den Dichter.

„Ich betrachte den Mond in einer Schale voll Wasser", lautete die Antwort.

„Warum blickst du nicht direkt auf den Mond am Himmel, oder hast du dir etwa den Hals gebrochen?"

*Wörter sind unzureichende Abbilder der Wirklichkeit. Ein Mann dachte, er kenne das Taj Mahal, weil man ihm ein Stück Marmor gezeigt und gesagt hatte, das Taj Mahal sei nichts weiter als eine Anhäufung solcher Steine. Ein anderer war überzeugt, er kenne die Niagara-Fälle, weil er Niagara-Wasser in einem Eimer gesehen hatte.*

„Haben Sie ein schönes Baby!"

„Das ist gar nichts. Sie sollten Fotos von ihm sehen!"

## *Geld oder Leben!*

Ein wohlhabender Mann erzählte eines Tages dem Meister, daß er dem Drang, Geld zu verdienen, mit dem besten Willen nicht widerstehen könne.

„Nicht einmal um den Preis von Lebensfreude, bedauerlicherweise", sagte der Meister.

„Ich spare mir die Lebensfreude für meine alten Tage auf", sagte der wohlhabende Mann.

„Sofern du noch alte Tage haben wirst", sagte der Meister und erzählte die Geschichte vom Straßenräuber, der kurzen Prozeß machte: „Geld oder Leben!"

Sagte das Opfer: „Nimm mein Leben. Ich hebe mir mein Geld für meine alten Tage auf."

## *Die Gelegenheit*

Ein junger Mann beschrieb voller Ungeduld, was für die Armen zu tun ihm vorschwebte.

Sagte der Meister: „Wann möchtest du deinen Traum wahr machen?"

„Sobald die Gelegenheit dafür kommt."

„Die Gelegenheit kommt nie", sagte der Meister, „sie ist da!"

## *Flucht*

Einem Geschäftsmann, der aus der Mühsal des Lebens ins Geldverdienen floh, sagte der Meister:

„Es war einmal ein Mann, der sich vor seinen eigenen Fußstapfen fürchtete. So entschloß er sich, nicht mehr zu gehen, sondern zu laufen, wodurch sich nur die Zahl seiner Fußstapfen verringerte. Was er wirklich tun sollte, war stehenbleiben."

## *Der gegenwärtige Augenblick*

Mein Leiden ist unerträglich."

Sagte der Meister: „Der gegenwärtige Augenblick ist niemals unerträglich, vielmehr, was du in den nächsten fünf Minuten oder den nächsten fünf Tagen auf dich hereinbrechen siehst, ist es, was dich verzweifeln läßt. Hör auf, in die Zukunft zu leben."

## *Viel kürzer und viel länger*

Wie lange dauert die Gegenwart, eine Minute oder eine Sekunde?"

„Viel kürzer und viel länger", sagte der Meister. „Kürzer, weil der Augenblick, den du angezielt hast, vorbei ist.

Länger, weil, wenn du je in sie eingedrungen bist, du auf die Zeitigkeit stoßen und erfahren wirst, was Ewigkeit ist."

## *Der Weg zum Tao*

Schüler: „Was ist Tao?"
Meister: „Alles ist Tao."
Schüler: „Wie kann ich es erlangen?"
Meister: „Wenn du versuchst, es zu erlangen, wirst du es verfehlen!"

*Man ist nie natürlich,*
*wenn man* versucht, *natürlich zu sein;*
*oder versucht, es* nicht *zu versuchen!*

## *Der kleine Fisch*

Entschuldigung", sagte ein Fisch aus dem Ozean zu einem anderen. „Du bist älter und erfahrener als ich und kannst mir wahrscheinlich helfen. Sag mir, wo kann ich die Sache finden, die man Ozean nennt? Ich habe vergeblich überall danach gesucht."

„Der Ozean", sagte der ältere Fisch, „ist das, worin du jetzt schwimmst."

„Das? Aber das ist ja nur Wasser. Ich suche den Ozean", sagte der jüngere Fisch sehr enttäuscht und schwamm davon, um anderswo zu suchen.

Der Schüler kam zu dem Meister im Sannyasi-Gewand. Und er sprach in der Sprache der Sannyasi: „Jahrelang habe ich nun nach Gott gesucht. Ich bin von zu Hause weggegangen und habe überall nach ihm Ausschau gehalten, wo er angeblich sein soll: auf Bergesgipfeln, im Herzen der Wüste, in der Stille der Klöster und in den Behausungen der Armen."

„Hast du ihn gefunden?" fragte der Meister.

„Ich wäre ein eitler Lügner, sagte ich ja. Nein, ich habe ihn nicht gefunden. Und Ihr?"

Was konnte ihm der Meister antworten? Die Abendsonne sandte goldene Strahlen in den Raum. Hunderte von Sperlingen tschilpten vergnügt auf einem nahen Feigenbaum. In der Ferne konnte man Straßenlärm hören. Ein Moskito summte warnend am Ohr, daß er gleich zustechen würde ... und doch konnte dieser gute Mann dasitzen und sagen, er hätte Gott nicht gefunden, er würde immer noch nach ihm suchen.

Nach einer Weile verließ er enttäuscht das Zimmer des Meisters, um anderswo weiterzusuchen.

Hör auf zu suchen, es gibt nichts zu suchen. Sei einfach still, öffne die Augen und sieh dich um. Du kannst es nicht übersehen.

## *Gegenwart*

Als die Schüler baten, ihnen ein Modell von Spiritualität zu geben, das sie nachahmen könnten, sagte der Meister nur: „Still, lauscht!"

Und als sie auf die Laute der Nacht draußen lauschten, begann der Meister leise den berühmten Haiku zu sprechen:

„Von einem frühen Tod  
zeigt die Zikade sich unbeeindruckt.  
Sie singt."

## *Gesungene Wahrheit*

Ein Mönch sagte einmal zu Fuketsu: „Ich hörte Euch einst Erstaunliches sagen, und zwar, daß Wahrheit mitgeteilt werden könne, ohne darüber zu reden, aber auch ohne zu schweigen. Könnt Ihr mir das bitte erklären?"

Fuketsu antwortete:

„Als ich ein kleiner Junge in Südchina war, wie sangen da im Frühling die Vögel in den blühenden Bäumen!"

## *Das Tun*

Was muß ich tun, um das Göttliche zu erreichen?"

„Das Göttliche ist nichts, was sich durch Tun erreichen läßt; man nimmt es durch Sehen wahr."

„Was ist dann die Funktion des Tuns?"

„Das Göttliche auszudrücken und nicht, es zu erreichen."

## *Ursprünge*

Die Schülerin hatte Geburtstag.

„Was möchtest du als Geburtstagsgeschenk?" fragte der Meister.

„Etwas, das mir Erleuchtung bringt", sagte sie.

Der Meister lächelte. „Sag mir, meine Liebe", sagte er, „als du geboren wurdest, kamst du *in* die Welt wie ein Stern vom Himmel oder *aus* ihr wie ein Blatt von einem Baum?"

Den ganzen Tag dachte sie über die seltsame Frage des Meisters nach. Dann sah sie plötzlich die Antwort und fiel in Erleuchtung.

## *Unschuld*

Während eines Picknicks sagte der Meister: „Wollt ihr wissen, wie erleuchtetes Leben ist? Seht jene Vögel, die über den See fliegen."

Während alle schauten, rief der Meister:

„Sie werfen eine Spiegelung auf das Wasser, von der sie nichts ahnen und die den See nicht berührt."

## *Wie ein Schmetterling*

Das Glück ist ein Schmetterling", sagte der Meister. „Jag ihm nach, und er entwischt dir. Setz dich hin, und er läßt sich auf deiner Schulter nieder."

„Was soll ich also tun, um das Glück zu erlangen?"

„Hör auf, hinter ihm her zu sein."

„Aber gibt es nichts, was ich tun kann?"

„Du könntest versuchen, dich ruhig hinzusetzen, wenn du es wagst."

# Quellen

*Ausbruch aus dem Leben ohne Gitter*
*oder Leben ist mehr*

Hungertod – SP 29; Wach auf! – SP 9; Käfig ohne Gitter – Pf 116 Henne und Adler – SP 7; Wirklich aufregend – Pf 86; Laßt mich heraus – Sch 182; Der Zigeuner – SP 87; Hören und sehen – SP 31; Spannkraft – U 110; Illusionen – SP 35–38; Die Überraschung – SP 100; Fortschritt – SP 101–102; Wo das Problem liegt – SP 90–93; Der Unterschied – SP 180; Der springende Punkt – SP 45; Wie beim Autofahren ..." – SP 105; Leben ist mehr – Pf 173; Fehler – U 23; Diogenes auf dem Sklavenmarkt – Sch 168; Schaf und Löwe – SP 62; Die Kokosnuß (8) – V 114

*Wie man es ansieht ...*
*oder Die Kunst, unglücklich zu sein*

Wenn er nun nein sagt? – Pf 144–145; Die Experten – V 42; Gesang mit Nachhall – Pf 143; Erst fünfundachtzig – Sch 123; Hahn und Pferd – Sch 123; Hundekonfession – SP 53; Der Preis der Tomaten – Sch 41; Der Hippie mit einem Schuh – Sch 41; Ich verspreche es – Pf 145; Beruhigungspillen – Pf 143; Keine gute Hausfrau – Pf 143; Logik – U 154; Der Scharlatan – V 72; Wie man es sieht – U 28; Mit Teelöffeln – U 102; So weit, wie wir konnten – Pf 50; Nimm zwei! – Pf 50

*Man kann es nie wissen*
*oder Der Trick mit der Wahrheit*

Paßt alles! – Pf 10; Die Türangeln – U 142; Vater, ich bin zurück – Pf 39; Die Entdeckung – Pf 39–40; Wie soll er heißen? – Pf 22; Halb verschenkt – Pf 22–23; Die Weißen oder die Schwarzen? – Sch 171; Vorsehung – Sch 90; Erwählt – U 128; Atmosphäre – U 134; Übergewechselt – U 134; Keine Probleme – Pf 25; Ernsthaft erkrankt – U 97; Nachfüllung – Pf 58; Man kann es nie wissen – U 24; Das Erkennungszeichen – Pf 30; Zu seinem Wort stehen – Pf 30; Auf der Gewinnerseite – Pf 25; In der Jauchegrube –

Pf 38; Sauer wie Mango – SP 107; Vorurteil – W 54; Wie lange? – U 135; Unwissenheit – W 18; Was siehst du? – U 22; Noch mehr Worte – SP 152–153; Unerhört grün – SP 109

*Die lieben anderen*
*oder Aller Kummer dreht sich um das Selbst*

Die Religion der alten Dame – V 92; Liebe vergißt – V 92; Weisheit schweigt – Sch 105; Johnny und der Ziegenbock – Pf 142; Friedliche Hunde – Sch 143; Erprobte Zuneigung – Sch 143–144; Sie könnten fliegen – Sch 144; Lulu – Pf 106–107; Familienbande – Sch 152 -153; Die Liebe der Familie – Sch 136; Zuallererst die Kinder – Sch 137; Tränen beim Begräbnis – Sch 137; Mach das Fenster zu – U 147; Die Lösung – U 75; Erfolg – U 17; Güte – W 64 Forderungen – SP 105–106; Rätselhaft – U 26–27; Sehr gut, sehr gut – V 73–74; Einklang – W 94; Wie man Tag und Nacht unterscheidet – Sch 150; Lohn der Angst – Sch 136; Liebe – W 56; Augen und Augenlider – U 152; Urteil – W 82; Reichtum – V 98; Du selbst – U 174; Wer nicht hilft ... – Pf 172; Abhängigkeit? – SP 57–58; Gemeinschaft oder Sklaverei – SP 159–160

*Ein anderer kann nicht für dich trinken*
*oder Selbst ist der Mensch*

Trink für mich – Pf 66; Halt dich an mich – Pf 66–67; Auf der falschen Seite – Pf 52; Wer bist du? – Sch 130; Leben lernen – Pf 47–48; Ganz der Vater – Pf 51; Wo bin ich? – Sch 63; Großvaters Anzüge – Pf 52; Schubladen – SP 52–53; Der Arzt weiß es besser – Pf 65; Wem glauben? – Pf 65; Glück gehabt! – Pf 64; Der richtige Arzt – Pf 64; Diogenes – V 70; Der Papagei hat Husten – Pf 51–52; Den Ausweis bitte – Sch 43; Sie denkt, ich bin wirklich – Pf 43; Neurotisch – Pf 43–44; Der Umhang – Pf 76; Wer sind Sie? – SP 82–83; Schon wieder Käsebrote! – Sch 177; Zu sich selbst finden – Sp 47; Der Jude von Belfast – Sp 52; Die Wurzel des Leidens – W 52; Klarsicht – Sp 150; Wirklichkeit – SP 58–59; Eine Puppe aus Salz – V 75

*Nur keine Aufregung*
*oder Wie man der Angst standhalten kann*

Angst – Sch 93; Ein starkes Getränk – Sch 92; Sterblichkeit – W 59; Befreiung – W 59; Das sichere Fundament – U 160; Elefant und Floh – Sch 124; Der Traum von toten Söhnen – V 74–75; Versicherung – W 73; Der Schmetterling – SP 161; Vor uns der Tod – SP 181; Friedhofsbesuch – SP 183; Der Meister und die Wölfe – Sch 161; Der Tod wartet in Samarra – Sch 168–169; Leichter gemacht – U 27; Wirklichkeit – W 86; Wer hat schon das Glück? – U 109; Trugbilder – U 151

*Sogar die Sehnsucht ist Fessel*
*oder Menschsein ist schon Leistung genug*

Wie ein Spiegel – Pf 102; Nichts ändern – SP 85/Sch 160; Abstand – Sp 65/83–84; Nur Perlen – Pf 92; Auf der Durchreise – Pf 93; Der Himmel und die Krähe – V 102; Wer kann den Mond stehlen – V 102; Warum nicht schon jetzt? – Pf 103; Und die Bescheidenheit – Sch 104; Reichtum – Pf 102; Wirklich ganz zufrieden? – Pf 102; Wenn Gott lacht Pf 94–95; Selbst du gehörst dir nicht – Pf 95; Sokrates auf dem Marktplatz – Pf 98; Der beste Tee – Pf 98–99; Genau dort – Pf 99; Wie die Schuhe erfunden wurden – Sch 160–161; Änderung – W 26; Ausdehnung – W 43; Genügsamkeit – W 43; Durstig – U 68; Unzufrieden – U 108; Noch mehr – U 120–121; Sich schlecht fühlen – U 173; Ein Mädchen – U 197; Ein besseres Programm – U 29; Spiegelung – W 35; Reichtum – W 57; Glückseligkeit – W 57; Jedes Ergebnis – U 188; Fortschritt – U 140; Erkenntnis – W 62

*Blätter fallen, auch wenn der Wind nachläßt*
*oder Das Geheimnis der Gelassenheit*

Kooperation – U 25; Gelassenheit – W 82; Veränderung – W 51; Nichts erzwingen – SP 168; Bis ich oben bin ... – U 53; Gleichgültig – W 53; Selbstgerechtigkeit – W 54; Wechselfälle – U 154; Süß oder bitter – U 154; Nicht tun, sondern lassen – SP 88–89; Mit dem ganzen Sein – U 153; So schnell geht es – U 116–117; Gesucht und gefunden – SP 118–119; Schöne Erfahrungen – Sp 115; Wer weiß? – Pf 173; Schweigen – U 206; Die Weisheit entdecken – Sch 63–64; An uns liegt es – Sch 187; Schwierigkeiten – SP 64/160

*Das Glück ist ein Schmetterling*
*oder Wege zu Achtsamkeit und Erleuchtung*

Nach Hause – Sch 187; Geheimnis – Sch 64; Staunen – Pf 46; Heimkehr – W 31–32; Erleuchtung Pf 108; Nicht zu unterscheiden – Pf 116; Eine Gabe – U 100–101; Verpaßte Gelegenheit – Pf 46; Die Wüste wird erblühen – SP 186–188; Wer bin ich? – V 78; Gespür – V 78–79; Wer ist der Blinde? – Pf 118; Prüfstein – Pf 118–119; Bewußt leben – SP 40–42; Das Ei – V 48; Entensuppe – V 44; Das wirkliche Ziel – Pf 58; Ein Finger – U 90; Begriffen – U 91; Der Mond von oben betrachtet – Sch 61; Schau auf den Mond – Sch 61; Geld oder Leben! – U 167; Die Gelegenheit – U 167; Flucht – U 143; Der gegenwärtige Augenblick – U 143; Viel kürzer und viel länger – U 205; Der Weg zum Tao – Pf 109; Der kleine Fisch – V 18–19; Gegenwart – W 62; Gesungene Wahrheit – Pf 32; Das Tun – U 146; Ursprünge – W 68; Unschuld – W 97; Wie ein Schmetterling – U 203

Abkürzungen

**Pf** – Wer bringt das Pferd zum Fliegen? Weisheitsgeschichten. Verlag Herder ²1991
**Sch** – Warum der Schäfer jedes Wetter liebt. Weisheitsgeschichten. Verlag Herder ⁵1992
**SP** – Der springende Punkt. Wach werden und glücklich sein. Verlag Herder ³1993
**U** – Eine Minute Unsinn. Weisheitsgeschichten, Verlag Herder 1993
**V** – Warum der Vogel singt. Weisheitsgeschichten. Verlag Herder ²1991
**W** – Eine Minute Weisheit. Verlag Herder ⁶1993

Vasco Pratolini
**Chronik einer Familie**
Roman
Band 4268

Die Geschichte zweier Brüder: Nach langer Trennung finden sie zu einer Nähe, die selbst den Tod überdauert. Stark autobiographisch und suggestiv. Erfolgreich verfilmt.

Rafik Schami
**Zeiten des Erzählens**
Herausgegeben von Erich Jooß
Band 4259

Rafik Schami kann mit Worten zaubern. Wirklichkeit und Märchen, Vergangenheit und Gegenwart verwebt er zu einem farbenprächtigen orientalischen Erzählteppich.

Vladimir Karbusicky
**Jüdische Anekdoten aus Prag**
Band 4241

Weisheit, Witz und Nostalgie zugleich: Kostbarkeiten jüdischen Humors aus der Kulturhauptstadt Prag.

Wolfgang Kasack
**Russische Weihnachten**
Ein literarisches Lesebuch
Band 4227

„Ein faszinierendes Zeugnis der alten und ungebrochenen russischen Fähigkeit zu echter, festlicher Freude" (Münchner Merkur).

Tibor Déry
**Lieber beau-père**
Roman
Band 4223

„Ich werde also alt? Schon?", fragt sich Flóris, 80, ungläubig. Seine geistreich-leichtfüßigen Aufzeichnungen sind eine charmante Liebeserklärung an das Leben.

Rudyard Kipling
**Das kommt davon**
Die schönsten Geschichten
Band 4206

Geschichten voll heiterer Phantasie: Wie kam der Elephant zum Rüssel, wie das Kamel zum Höcker? Der Nobelpreisträger erzählt.

Elie Wiesel
**Der Vergessene**
Roman
Band 4186

Ein Mann spürt: sein Gedächtnis schwindet. Wider das Vergessen erzählt er dem Sohn von seiner Vergangenheit, die ein dunkles Geheimnis birgt.

Linus Reichlin
**Vom Verstecken eines Gastes**
Band 4185

Ein kurdischer Teppichweber auf der Flucht in die Schweiz. Engagierte Bürger nehmen ihn auf. Doch: Nicht der Gast wird zum Problem, sondern sie selbst.

Vasco Pratolini
**Die Mädchen von Sanfrediano**
Roman
Band 4174

Wie viele Mädchen braucht ein Casanova? Aldo Sereni, Florentiner Herzensbrecher, leidet keinen Mangel. Bis sein Spiel durchschaut wird. Die Rache der Mädchen ist fürchterlich...

Idries Shah
**Die fabelhaften Heldentaten des vollendeten Narren und Meisters Mulla Nasrudin**
Band 4164

Humorvolle und tiefgründige Geschichten, die den Leser in die bezaubernde Welt des Orients entführen.

HERDER / SPEKTRUM

Juri Trifonow
**Das Verschwinden**
Roman
Band 4161

Moskau im Hungerwinter 1937: Ein Kind erlebt die Schrecken einer erbarmungslosen Ideologie. Ein Stück Weltliteratur.

Albert Einstein
**Zeiten des Staunens**
Band 4153

Geniale Gedanken zu Frieden und Freiheit, zu Religion und Naturwissenschaft, zu Erziehung und Freundschaft, zu den drängenden Aufgaben einer zusammenwachsenden Welt.

Anthony de Mello
**Warum der Vogel singt**
Weisheitsgeschichten
Band 4149

Wie in einem Brennglas konzentriert: westliche und östliche, antike und moderne Lebenserfahrungen aus mehr als zwei Jahrtausenden.

Li Ping
**Zur Stunde des verblassenden Abendrots**
Roman
Band 4140

Die poetisch erzählte Geschichte einer großen Liebe, zugleich das erregende Dokument des geistigen Umbruchs im modernen China.

Jakob J. Petuchowski
**Es lehrten unsere Meister**
Rabbinische Geschichten
Band 4132

„Die Lektüre dieses Buches ist wie ein Abenteuer auf der Suche nach Schönheit und Sinn" (Elie Wiesel).

C. S. Lewis
**Dienstanweisung an einen Unterteufel**
Band 4096
Verblüffende Einblicke in die menschliche Seele. Ein höllisches Vergnügen, geradezu teuflisch gut.

Ramon Llull
**Das Buch vom Freunde und Geliebten**
Übersetzt und herausgegeben von Erika Lorenz
Band 4094
Ein Juwel abendländischer Mystik: „Llull spricht überwältigend schön über die Liebe" (Neue Zürcher Zeitung).

**Pharaonische Lebensweisheit**
Eingeleitet, übersetzt und kommentiert von
Emma Brunner-Traut
Band 4089
Das überraschend moderne Zeugnis der sehnsuchtsvollen Suche des Menschen nach dem Geheimnis seiner Existenz.

Antoine de Saint-Exupéry
**Briefe an Rinette**
Poesie einer Liebe
Band 4076
Vom Charme eines Gefühls, das das Leben verzaubert, erzählen die Briefe des jungen Antoine. Wundervoll als Geschenk.

Elie Wiesel
**Der fünfte Sohn**
Roman
Band 4069
Die Geschichte des Juden Reuven Tamiroff, der 30 Jahre lang fälschlich glaubte, den Mörder seines Sohnes gerächt zu haben.

Leonid Borodin
**Die dritte Wahrheit**
Roman
Band 4061
Eine Geschichte aus Sibirien: voll Spannung und psychologischer Kraft.

Mircea Eliade
**Hochzeit im Himmel**
Roman
Band 4056
„Ich träumte von einem Liebesroman, der ganz anders sein sollte als alles, was bis dahin geschrieben worden war" (Mircea Eliade).

Antoine de Saint-Exupéry
**Man sieht nur mit dem Herzen gut**
Band 4039
Texte, in denen sich die unsentimentale und daher um so echtere Liebe Saint-Exupérys zum Menschen offenbart.

Annemarie Schimmel
**Die orientalische Katze**
Mystik und Poesie des Orients
Band 4033
Die berühmte Orientalistin zeigt hier, wie die Poeten und Weisen des Ostens die Katze, dieses geheimnisvolle Tier, verstanden.

José Luis Sampedro
**Das etruskische Lächeln**
Roman
Band 4022
Erst wenn man wirklich gelebt hat, überdauert das Lächeln auch den Tod. „Eine lesenswerte zeitgemäße Familiensaga!" (Münchner Merkur).